essentials

Essentials liefern aktuelles Wissen in konzentrierter Form. Die Essenz dessen, worauf es als „State-of-the-Art" in der gegenwärtigen Fachdiskussion oder in der Praxis ankommt. Essentials informieren schnell, unkompliziert und verständlich

- als Einführung in ein aktuelles Thema aus Ihrem Fachgebiet
- als Einstieg in ein für Sie noch unbekanntes Themenfeld
- als Einblick, um zum Thema mitreden zu können.

Die Bücher in elektronischer und gedruckter Form bringen das Expertenwissen von Springer-Fachautoren kompakt zur Darstellung. Sie sind besonders für die Nutzung als eBook auf Tablet-PCs, eBook-Readern und Smartphones geeignet.

Essentials: Wissensbausteine aus den Wirtschafts, Sozial- und Geisteswissenschaften, aus Technik und Naturwissenschaften sowie aus Medizin, Psychologie und Gesundheitsberufen. Von renommierten Autoren aller Springer-Verlagsmarken.

Jana Brauweiler • Markus Will
Anke Zenker-Hoffmann

Auditierung und Zertifizierung von Managementsystemen

Grundwissen für Praktiker

Prof. Dr. Jana Brauweiler
Fakultät Mathematik/Naturwissenschaften
Hochschule Zittau/Görlitz
Zittau
Deutschland

Anke Zenker-Hoffmann
Fakultät Mathematik/Naturwissenschaften
Hochschule Zittau/Görlitz
Zittau
Deutschland

Markus Will
Fakultät Mathematik/Naturwissenschaften
Hochschule Zittau/Görlitz
Zittau
Deutschland

ISSN 2197-6708
essentials
ISBN 978-3-658-10212-8
DOI 10.1007/978-3-658-10213-5

ISSN 2197-6716 (electronic)

ISBN 978-3-658-10213-5 (eBook)

Die Deutsche Nationalbibliothek verzeichnet diese Publikation in der Deutschen Nationalbibliografie; detaillierte bibliografische Daten sind im Internet über http://dnb.d-nb.de abrufbar.

Springer Gabler
© Springer Fachmedien Wiesbaden 2015

Gedruckt auf säurefreiem und chlorfrei gebleichtem Papier

Springer Fachmedien Wiesbaden ist Teil der Fachverlagsgruppe Springer Science+Business Media
(www.springer.com)

Was Sie in diesem Essential finden können

- einen guten Überblick über Wesen und Arten von Audits,
- eine detaillierte Beschreibung des prozessualen Ablaufes von Audits allgemein und von Zertifizierungsaudits,
- einen Einblick in die Qualifikationsanforderungen an Auditoren,
- fundierte Erläuterungen zu methodischen Aspekten der Auditierung, wie z. B. zu Fragetechniken und dem Umgang mit Widerständen.

Vorwort

Dieses Essential basiert auf dem Studienbrief „Umweltmanagementkonzepte und –instrumente" von Prof. Dr. Jana Brauweiler, 2. Auflage 2014, welcher bei der AKAD University Stuttgart im berufsbegleitenden Bachelorstudiengang „Umwelt- und Stoffstrommanagement" eingesetzt wird. Das Essential erläutert in kompakter Form, aber dennoch wesentlich umfassender als der Studienbrief, Ablauf und Anforderungen der Umsetzung von internen und externen Audits im Rahmen von Managementsystemen. Das Essential wurde von Wissenschaftlern geschrieben, die langjährige Beratererfahrungen bei der Einführung und Auditierung von Managementsystemen in Organisationen unterschiedlicher Branchen haben. Die enthaltenen Beispiele stammen aus der betrieblichen Praxis.

Leitfaden für den Leser
Ein Buch wie dieses eignet sich für unterschiedliche Lesetypen und persönlichen Zeitbudgets. Hier unsere Empfehlungen:

- Sie haben sehr wenig Zeit oder kennen sich bereits mit der Thematik aus und möchten sich schnell einen Überblick verschaffen? Dann blättern Sie einfach mal durch, vielleicht finden Sie Stellen, die Sie besonders interessieren und in die Sie sich vielleicht ein anderes Mal vertiefen wollen. **Lektürezeit: etwa 15 min.**
- Sie haben etwas mehr Zeit zur Verfügung und möchten wissen, welche Aspekte der Auditierung und Zertifizierung in diesem Buch angesprochen werden? Dann lesen Sie die Einleitung und die grau hinterlegten Zusammenfassungen der einzelnen Kapitel! **Lektürezeit etwa 45 min.**
- Sie wollen dieses Essential als Einstieg in das Thema oder als Auffrischung nutzen? Dann laden wir Sie ein, sich ausfüh.rlich mit dem Buch auseinanderzusetzen, die Texte gründlich zu lesen und sich ggf. Notizen zu machen oder

ihren Vortrag oder ihre Präsentation nebenbei zu beginnen. Vielleicht finden Sie in unseren Literaturempfehlungen auch Publikationen, mit denen Sie einzelne Aspekte vertiefen können. **Lektürezeit: mindestens drei Stunden.**

Inhaltsverzeichnis

Angaben zu den Autoren

Prof. Dr. Jana Brauweiler Professur für Integrierte Managementsysteme, Fakultät Mathematik/Naturwissenschaften, Hochschule Zittau/Görlitz, Theodor-Körner-Allee 16, 02763 Zittau

Markus Will Dipl.-Ing. (FH) Mitarbeiter im Bereich umweltorientierte Unternehmensführung, Fakultät Mathematik/Naturwissenschaften, Hochschule Zittau/Görlitz, Theodor-Körner-Allee 16, 02763 Zittau sowie Geschäftsführer beim Institut für Nachhaltigkeitsanalytik und -management UG

Anke Zenker-Hoffmann Diplom-Kauffrau/Referentin für Umweltschutzmanagement Anke Zenker-Hoffmann, wissenschaftliche Mitarbeiterin im Bereich umweltorientierte Unternehmensführung, Fakultät Mathematik/Naturwissenschaften, Hochschule Zittau/Görlitz, Theodor-Körner-Allee16, 02763 Zittau

Einleitung

1

Interne und externe Audits sind aus der betrieblichen Praxis nicht mehr wegzudenken. Schwerpunktmäßig werden sie im Rahmen von Managementsystemen eingesetzt, deren Normen wie die ISO 9001 für Qualitätsmanagementsysteme (QMS), ISO 14001 für Umweltmanagementsysteme (UMS), OHSAS 18001 für Arbeits- und Gesundheitsschutzmanagementsysteme (AMS) oder ISO 50001 für Energiemanagementsysteme (EnMS) die Durchführung verschiedener Arten von Audits fordern. Aus diesem Grund sind dem Thema Audits zwei eigenständige internationale Normen gewidmet:

- die ISO 19011, die *Wesen, Arten, Anforderungen und Ablauf von Audits sowie Qualifikationsanforderungen an Auditoren* spezifiziert und
- die ISO/IEC 17021, die diese *Anforderungen für Zertifizierungsaudits und Zertifizierungsorganisationen* konkretisiert.

Die ISO 19011 weist darauf hin, dass sie grundsätzlich für alle Organisationen anwendbar ist, die interne oder externe Audits durchführen. Es wird aber die Empfehlung gegeben, dass *für interne und Kundenaudits die ISO 19011* und *für externe Zertifizierungsaudits die spezifischere Norm ISO 17021* genutzt werden sollte.[1] Dieses Essential basiert mit Ausnahme von Kap. 5 und 7 auf beiden Normen, ohne vordergründig und im Detail die Normanforderungen zu erläutern. Um einen Überblick über Aufbau, Inhalte und Detailanforderungen der ISO 19011 und ISO 17021 zu erhalten, wird auf diese Normen verwiesen.

Sowohl die ISO 19011 als auch die ISO 17021 werden explizit allgemein gehalten, d. h., sie konkretisieren die Anforderungen nicht für ein bestimmtes Managementsystem, sondern gelten unabhängig vom zugrundeliegenden System. Diesem

---

[1] Vgl. DIN EN ISO 19011:2011, S. 7.

© Springer Fachmedien Wiesbaden 2015
J. Brauweiler et al., *Auditierung und Zertifizierung von Managementsystemen,*
essentials, DOI 10.1007/978-3-658-10213-5_1

Grundgedanken wird im Rahmen dieses Essentials prinzipiell gefolgt. Um dennoch einen konkreten Praxisbezug zu ermöglichen, fokussieren die in das Essential eingebrachten Beispiele auf UMS-Audits. Aus diesem Grund wird auch bei der Erläuterung des Verfahrensablaufes für ein externes Audit zwischen einem Zertifizierungsverfahren nach ISO 14001 und einem Validierungsverfahren nach EMAS unterschieden, weil international beide Normen relevant sind.

Wesen, Arten und Planung von Audits 2

2.1 Begriffsdefinition und Zielstellungen von Audits

Das Wort *audire* leitet sich vom lateinischen Wort für „hören" ab. Der englischen Wortbedeutung folgend handelt es sich bei Audits um eine *Anhörung, Buchprüfung* oder auch *Inspektion*. Nach der ISO 19011 wird ein Audit wie folgt definiert:

▶ **Definition** Ein Audit ist ein „… *systematischer, unabhängiger und dokumentierter Prozess* zur *Erlangung von Auditnachweisen* und zu deren objektiver Auswertung, um zu ermitteln, inwieweit die *Auditkriterien* erfüllt sind."[1]

Audits spielen bei der Umsetzung von Managementsystemen eine wichtige Rolle, denn es soll durch sie regelmäßig geprüft werden, ob die Prozesse einer Organisation geeignet sind, die an sie gestellten Anforderungen zu erfüllen. Die Anforderungen können sich ableiten aus:

- der dem Managementsystem zugrundeliegenden Norm (z. B. ISO 9001, ISO 14001 und EMAS III, OHSAS 18001 oder ISO 50001),
- strategischen Unternehmenszielen,
- Gesetzen und Branchenstandards,
- expliziten Kundenanforderungen,
- Ergebnissen vorangegangener Audits oder
- aktuellen Ereignissen.

Audits sollten nicht lediglich die *Konformität mit Anforderungen überprüfen*, sondern sie dienen dazu *Schwachstellen zu identifizieren* und damit den *kontinuier-*

---

[1] DIN EN ISO 19011:2011, S. 7.

© Springer Fachmedien Wiesbaden 2015
J. Brauweiler et al., *Auditierung und Zertifizierung von Managementsystemen*,
essentials, DOI 10.1007/978-3-658-10213-5_2

Tab. 2.1 Definition und Beispiele für Auditkriterien und Auditnachweise. (Quelle: Eigene Darstellung in Anlehnung an DIN EN ISO 19011:2011, S. 8, Kap. 3.2 und 3.3)

	Auditkriterium	Auditnachweis
Beispiele	Rechtskonformität	Rechtskataster
	KVP	Kataster der Umweltaspekte, Umweltprogramm
	Dokumentation des UMS	Umweltmanagementhandbuch
	regelmäßige Information und Kommunikation	Verfahrensanweisung Information und Kommunikation, Aufzeichnungen über umgesetzte Informations- und Kommunikationsinstrumente
	regelmäßige Schulung der Mitarbeiter	Schulungsplan, Schulungsnachweise
	umweltfreundliche Beschaffung	Verfahrensanweisung Beschaffung Checkliste Lieferantenbewertung
	Notfallvorsorge und Gefahrenabwehr	Alarmierungs- und Notfallmaßnahmenpläne

lichen Verbesserungsprozess (KVP) unterstützen, indem auch Lösungsansätze gegeben werden.

Mithilfe von Audits sollen nach oben genannter Definition Auditnachweise zur Prüfung der Erfüllung von Auditkriterien erlangt werden.

▶ **Definition** *Auditkriterien* sind Verfahren, Vorgehensweisen oder Anforderungen, die als *Bezugsgrundlage (Referenz)* zur Prüfung der Auditnachweise herangezogen werden.[2]

Auditnachweise sind Aufzeichnungen, Tatsachenfeststellungen oder andere Informationen, die für die Auditkriterien *relevant und zutreffend und verifizierbar sind* (in qualitativer oder quantitativer Form).[3]

Tabelle 2.1 gibt einen Überblick über Verständnis und Beispiele von Auditnachweisen und -kriterien bezogen auf ein UMS nach ISO 14001.

Die „Ergebnisse aus der Bewertung der gesammelten Auditnachweise im Hinblick auf die Auditkriterien"[4] sind die Auditfeststellungen.

---

[2] Vgl. DIN EN ISO 19011:2011, Kap. 3.

[3] Vgl. DIN EN ISO 19011:2011, Kap. 3

[4] DIN EN ISO 19011:2011, Kap. 3.4.

▶ **Definition** *Auditfeststellungen* zeigen Konformitäten oder Nichtkonformitäten des UMS mit eigenen Festlegungen bzw. den Anforderungen der ISO 14001 auf, aus denen Verbesserungsmöglichkeiten zur weiteren Entwicklung des UMS abgeleitet werden.
Auf Basis der Auditfeststellungen werden *Auditschlussfolgerungen* gezogen, das sind die „Ergebnisse eines Audits nach Berücksichtigung der Auditziele und aller Auditfeststellungen"[5].

Damit ein Audit ein wirksames Instrument für den KVP ist, müssen sowohl Arbeitsweise eines Auditors, als auch Prozesse eines Audits auf bestimmten Prinzipien beruhen.

Die ISO 19011 definiert folgende[6] Auditprinzipien:
1. *Integrität* des Auditors (Ehrlichkeit, Sorgfalt, Verantwortung, Beachtung und Einhaltung der rechtlichen Anforderungen, Kompetenz, Unparteilichkeit, Unvoreingenommenheit, Sensibilität);
2. *Sachliche Darstellung* (Pflicht, wahrheitsgemäß und genau zu berichten);
3. Angemessene *berufliche Sorgfalt* (Anwendung von Sorgfalt und Urteilsvermögen);
4. *Vertraulichkeit* (Gewährleistung der Sicherheit der Informationen);
5. *Unabhängigkeit* (von der zu auditierenden Organisation bzw. Tätigkeit);
6. *Vorgehensweise, die auf Nachweisen beruht* (Ziehen von zuverlässigen und nachvollziehbaren Auditschlussfolgerungen in einem systematischen Auditprozess).

In der alltäglichen Audit-Praxis kommt es zuweilen vor, dass Auditoren falsch wahrgenommen werden, etwa als penible Erbsenzähler oder besserwisserische Kontrolleure und das Audit den Charakter einer „Razzia" bekommt.[7] Besonders wenn das Audit vor allem dazu dient, die Konformität der Dokumentation mit den Anforderungen aus der entsprechenden Norm nachzuweisen und damit als „notwendiges Übel" für eine erfolgreiche (Re-)Zertifizierung wahrgenommen wird, kann Potenzial für eine tiefergehende Verbesserung der Abläufe in der Organisation verschenkt werden.

---

[5] DIN EN ISO 19011:2011, Kap. 3.5.
[6] Vgl. DIN EN ISO 19011:2011, Kap. 4.
[7] Vgl. Sieben 2011, S. 60 ff.

Die Potenziale liegen darin, dass ein Audit dazu dient, klar herauszustellen, was in der Organisation bereits gut funktioniert und wie die Leistungsfähigkeit im Sinne eines KVP weiter erhöht werden kann und es dennoch zur Erbringung von Konformitätsnachweisen genutzt wird. Soll dies erreicht werden, bedarf es einer entsprechenden *Auditkultur*, bei der Audits mit und nicht gegen die Mitarbeiter durchgeführt werden. Wie oben definiert wurde, basiert das Wort Audit auf dem Wort „Audire", von „zu hören": Audits können als eine Möglichkeit etabliert werden, die Meinung der Mitarbeiter als einen Bestandteil bei Entscheidungen und Planungen auf Ebene der Geschäftsführung zu nutzen. So gedacht, können Audits zu etwas werden, dem die Auditierten und die Auditoren erwartungsvoll entgegenblicken und aus denen erfolgreiche Unternehmen mit reifen Managementsystemen einen signifikanten Nutzen ziehen können.

▶   **Zusammenfassung:** Audit bedeutet Anhörung oder Überprüfung. Audits werden regelmäßig und systematisch von internen oder externen Beauftragten durchgeführt und sorgfältig dokumentiert. Sie können verschiedene Auslöser haben und dienen der Beförderung des betrieblichen KVP. Im Rahmen von Audits sind Auditkriterien zu definieren und dafür Auditnachweise zu sammeln. Durch eine Bewertung der Auditnachweise werden Auditfeststellungen und Auditschlussfolgerungen gezogen.

2.2   Arten und Einsatzbereiche von Audits

Die ISO 19011 unterscheidet sogenannte Erstparteien-, Zweit- und Drittparteien-Audits.[8]

▶   **Definition** „*Erstparteien-Audits*" *(first party audits)* sind *interne Audits*, die von der Organisation selber, manchmal mit Unterstützung eines Beraters, durchgeführt werden. Hierzu zählt z. B. die erste Umweltprüfung oder die im Rahmen von Managementsystemen regelmäßig durchzuführenden Internen Audits.

▶   **Definition** „*Zweit- oder Drittparteien-Audits*" *(second or third party audits)* sind *externe Audits*, die zum Beispiel von Kunden (Zweit-Parteien-Audits) oder von Zertifizierungsorganisationen (Dritt-Parteien-Audits) durchgeführt werden.

---

[8] Vgl. DIN EN ISO 19011:2011, Kap. 3.1.

Für externe Audits nach der zweiten Definition sind folgende Kennzeichen hervorzuheben:

- Durch Audits, die von Kunden durchgeführt werden (z. Bsp. *Lieferantenaudits*), kann der Auftraggeber direkt auf Nicht-Konformitäten und Verbesserungspotenziale hinweisen und auf Korrekturmaßnahmen einwirken. Die auditierte Organisation kann hieraus wertvolle Erkenntnisse über die Effektivität ihrer Unternehmensprozesse erlangen. Üblicherweise erfolgt eine Einstufung z. Bsp. der Lieferanten auf einer ABC-Skala, wobei die Positionierung entscheidend für die weiteren Geschäftsbeziehungen ist. Diese ABC-Klassifizierung gibt Auskunft über die Übereinstimmung der Prozesse beim Lieferanten mit der Umwelt- und Qualitätspolitik des Kunden. Idealerweise intensivieren und verbessern sich die Geschäftsbeziehungen dadurch.[9]
- Durch *Zertifizierungsaudits* erlangen Organisationen einen durch eine akkreditierte Stelle ausgestellten Nachweis über die Konformität ihres Managementsystems mit der jeweils zugrundeliegenden Norm (z. B. ISO 9001, 14001 oder 50001). Bezogen auf QMS nach ISO 9001 ist der zertifizierte Nachweis eines Managementsystems *grundlegende Voraussetzung* für die Aufnahme von Wirtschaftsbeziehungen. Bei UMS nach ISO 14001 herrscht dieser Zertifizierungsdruck in bestimmten Branchen, wie z. B. der Elektroindustrie oder dem Fahrzeugbau. Eine externe Zertifizierung eines EnMS nach ISO 50001 hingegen ist die Voraussetzung dafür, z. B. *Deregulierungsmaßnahmen wie Steuerreduzierungen in Anspruch nehmen* zu können. Nach erfolgreicher Zertifizierung sind jährliche Überwachungs- und dreijährige Rezertifizierungsaudits erforderlich, die ebenfalls externe Audits sind.

Entsprechend der Zielsetzung des Audits, des jeweiligen Untersuchungsgegenstandes und des Reifegrades des Managementsystems lassen sich weitere Formen von Audits differenzieren (vgl. Tab. 2.2).

Es ist wichtig, sich über Zielstellung und Form des Audits rechtzeitig klar zu werden. Nicht für alle Auditformen ist es sinnvoll, diese regelmäßig anzuwenden. Sind in einer Organisation Managementsysteme bereits seit längerer Zeit in Gebrauch, kann es unter Umständen effektiver sein, Prozessaudits durchzuführen, die sich mit konkreten Problemstellungen oder Verfahrensfragen beschäftigen, anstelle zum wiederholten Male Systemaudits durchzuführen, die ein breiteres Zielspektrum abdecken.[10]

---

[9] Vgl. Gietl/Lobinger 2010, S. 12.
[10] Vgl. Gietl/Lobinger 2010, S. 10 ff.

Tab. 2.2 Auditarten und ihre Zielstellungen. (Quelle: Geiger/Kotte 2008, S. 114 f., S. 118, Gietl/Lobinger 2010, S. 11 ff)

Auditart	Erläuterung
Systemaudit	Beurteilung der *Funktionsweise des gesamten Managementsystems* bezüglich der Erfüllung der Umwelt- oder Qualitätspolitik und der Konformität mit den gestellten Anforderungen an das Managementsystem
Prozessaudits	Fokussierung *auf einzelne Unternehmensprozesse und Workflows*, detaillierte Untersuchung, ob die Prozesse effektiv und effizient ablaufen (z. B. durch Vergleich der entsprechenden Verfahrens- und Betriebsanweisungen mit den realen Abläufen)
Produktaudits	Stichprobenartige *Überprüfung der Übereinstimmung der hergestellten Güter oder bereitgestellten Dienstleistung mit der Produktspezifikation* (z. B. Pflichten- und Lastenheft), indem anhand der Produktmerkmale untersucht wird, ob von Prozessfähigkeit ausgegangen werden kann (z. B. durch Abgleich messbarer Merkmalswerte, Funktionsprüfung, Auswertung von Dokumenten und Statistiken sowie einer strukturierten Ursachenanalyse)
Performance-Audits	Dienen der *Einschätzung der Leistungsfähigkeit*, die etwa im Vergleich mit Zielwerten als Erreichungsgrade oder Wirksamkeit anhand von Kennzahlen („key performance indicators") quantifiziert wird sowohl für interne Zwecke (KVP) als auch für externe Zwecke (Benchmarking)
Compliance-Audits	Untersuchung der *Einhaltung von rechtlichen, gesetzlichen, behördlichen Vorschriften aber auch branchenspezifischen und innerbetrieblichen Vereinbarungen* („codes of conduct"), die in der Regel in einem Rechtskataster systematisiert sind. Große Bedeutung im Bereich der Produktsicherheit und Produkthaftung sowie im Genehmigungsrecht (BImschG, WHG, Chemikalien- und Gefahrstoffrecht); behördliche Inspektionen, wie sie beispielsweise durch die Industrie-Emissions-Richtlinie gefordert werden oder Begehungen durch die Gewerbeaufsicht entsprechen in vielen Fällen dem Compliance-Audit

Weiterhin können noch folgende Auditarten unterschieden werden:

- *Kombinierte Audits*, d. h. gemeinsame Auditierung von zwei oder mehreren Managementsystemen mit jeweils unterschiedlicher Ausrichtung (z. B. Umwelt- und Arbeitssicherheitsaudits im Rahmen Integrierter Managementsysteme).[11]

---

[11] Vgl. DIN EN ISO 19011:2011, Kap. 3.1.; Pischon 1999, Neumann 2012.

• Spezielle, von Führungskräften lancierte Audits, die sich auf besondere Betriebsbereiche beziehen, z. B. *Logistikaudits, Schnittstellenaudits, Risikoaudits oder Projektaudits*[12].

• *Matrixzertifizierungen*: In Organisationen mit vielen (inter-)nationalen Standorten mit vergleichbaren Produktions- oder Dienstleistungsstrukturen, werden sog. Matrixzertifizierungen durchgeführt. Eine zentrale Matrixstelle steuert und überwacht ein einheitlich strukturiertes Managementsystem, welches an den Standorten angepasst umgesetzt wird. Die Auditierung findet jährlich in der Matrixstelle sowie in jährlich wechselnden, stichprobenartig ausgewählten Standorten statt.

▶ Entsprechend der Zielstellung können verschiedene Arten von Audits unterschieden werden. Je nachdem von welcher Stelle Audits durchgeführt werden, handelt es sich um ein internes oder externes Audit. Aus inhaltlicher Sicht können System-, Prozess-, Produkt-, Performance- und Compliance-Audits differenziert werden. Bezogen auf die Form der Durchführung lassen sich kombinierte Audits und Matrixzertifizierungen unterscheiden.

2.3 Planung von Audits

Für die Durchführung eines Audits ist es erforderlich, ein sog. Auditprogramm zu erstellen.

▶ **Definition** Ein Auditprogramm sind die „Festlegungen für … Audits, die für einen bestimmten Zeitraum geplant und auf einen spezifischen Zweck ausgerichtet sind".[13]

Das Auditprogramm (vgl. Tab. 2.3) gibt als Rahmenplanung einen Überblick zu:
• Auditzeitpunkten,
• Auditarten,
• auditierten Unternehmensbereichen und
• Auditoren.

---

[12] Vgl. Gietl/Lobinger 2010, S. 18.
[13] DIN EN ISO 19011:2011, Kap. 3.

Tab. 2.3 Beispiel für ein Formblatt Auditprogramm. (Quelle: Eigene Darstellung)

Jahr	Auditart und -bereich	Auditor	Jan	Feb	...	Nov	Dez	Zeitpunkt (Datum) Erledigt (Signum)

Es empfiehlt sich, die Rahmenplanung regelmäßig zu überarbeiten, damit sichergestellt werden kann, dass die einzelnen Audits ihren Zweck erfüllen und sich an den aktuellen Schwerpunkten und Ergebnissen vorangegangener Management Reviews orientieren und nicht aus Selbstzweck durchgeführt werden. Hierzu gehört eine genaue Beschreibung der jeweils zu verfolgenden Ziele (z. B. System-, performance-, compliance-Audit). Das Auditprogramm wird in der Regel von den Managementbeauftragten erstellt und ist durch die Geschäftsführung zu genehmigen, bevor es innerhalb der Organisation kommuniziert wird.

Im Auditrahmenplan werden, wie aus Tab. 2.3 erkennbar ist, die Zeitpunkte der durchzuführenden Audits festgelegt. An dieser Stelle gilt es zu entscheiden, was durch die Durchführung der Audits im Unternehmen erreicht werden soll. Wenn die Anforderungen der Normen erfüllt werden müssen, um einen externen Zertifizierungsnachweis zu erbringen, so ist es erforderlich einmal jährlich interne Audits und externe Überwachungsaudits und aller drei Jahre Re-Zertifizierungsaudits stattfinden zu lassen. Ein auf bestimmte Themenfelder fokussierter KVP erfordert die Planung darüber hinausgehender Audits (z. B. Prozess-, Performance- oder Produktaudits).

Zur Umsetzung eines ernstgemeinten KVP ist es wichtig, dass sich die Organisation bei der Durchführung von Audits (insbesondere von internen und externen Überwachungs- und Rezertifizierungsaudits) von einem *„Ad-hoczismus"* befreit. Dieser entsteht – oftmals bedingt aus der prioritären Abarbeitung operativer Produktionstätigkeiten – wenn einmal jährlich, in der Regel zeitlich nahe am externen Audit, Schwachstellen gesucht und möglichst schnell behoben oder verschleiert werden, ohne die verursachenden Faktoren ausreichend zu untersuchen. Dieses Phänomen wird auch als *Sägezahneffekt* bezeichnet (vgl. Abb. 2.1) sowohl die Wahrnehmung und Aufmerksamkeit der Mitarbeiter als auch das Leistungsniveau

Sägezahneffekt

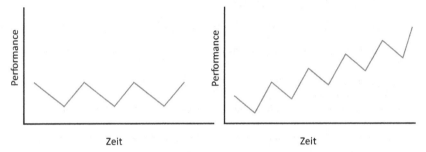

Abb. 2.1 Sägezahneffekt. (Quelle: Gietl/Lobinger 2012, S. 598)

wird in Vorbereitung des Audits kurzfristig erhöht, um im Anschluss daran recht
schnell wieder abzufallen (linke Seite der Abb. 2.1).[14] Werden Audits häufiger
durchgeführt, kann diesem Effekt entgegengewirkt werden. Mitarbeiter sind i. d. R
darauf bedacht, dass bis zu einem Audit „alles in Ordnung" gebracht wird, um
nicht zu riskieren, dass ein Audit wiederholt werden muss. Eine ständige Verbesserung lässt sich erreichen, indem interne Audits häufiger stattfinden als einmal im
Jahr (siehe rechte Seite der Abb. 2.1).

Die mit dem Auditprogramm zusammenhängenden grundsätzlichen Anforderungen und Fragestellungen werden in einem separaten Abschnitt der ISO 19011
behandelt und in der nachfolgenden Tab. 2.4 zusammengefasst.

► Audits werden mit Hilfe sog. Auditprogramme geplant. Diese struktu-
   rieren Zeitpunkte, Arten, zu auditierende Bereiche und Verantwortliche
   für Audits. Audits sollten als Hilfsmittel zur kontinuierlichen Verbesserung erkannt und genutzt werden und nicht als Kontrollzeitpunkt, vor
   dem in Form von Aktionismus zwar Schwachstellen behoben, aber
   nicht die möglichen und erforderlichen Lerneffekte ausgeschöpft
   werden.

---

[14] Vgl. Gietl/Lobinger in Kaminske 2012, S. 598.

Tab. 2.4 Anforderungen an ein Auditprogramm. (Quelle: ISO 19011, Kap. 5)

Festlegung der Auditprogrammziele (vgl. Kap. 5.2 der Norm)
Festlegung des Auditprogramms hinsichtlich:
a) Rollen und Verantwortlichkeiten (vgl. Kap 5.3.1 der Norm)
b) Kompetenz der Verantwortlichen (vgl. Kap. 5.3.2 der Norm)
c) Umfang (vgl. Kap. 5.3.3 der Norm)
d) Auditprogrammrisiken (vgl. Kap. 5.3.4 der Norm)
e) Verfahren (vgl. Kap. 5.3.5 der Norm)
f) Auditprogrammressourcen (vgl. Kap. 5.3.6 der Norm)
Regelungen für die Umsetzung des Auditprogramms hinsichtlich:
a) Ziele, Umfang, Kriterien für ein einzelnes, bestimmtes Audit (vgl. Kap. 5.4.2 der Norm)
b) Auswahl der Auditmethoden (vgl. Kap. 5.4.3 der Norm)
c) Auswahl der Auditteammitglieder (vgl. Kap. 5.4.4 der Norm)
d) Zuweisung der Verantwortlichkeiten an den Auditteamleiter (vgl. Kap. 5.4.5 der Norm)
e) Leiten und Lenken der Auditprogrammergebnisse (vgl. Kap. 5.4.6 der Norm)
f) Verwalten von Aufzeichnungen zu Auditprogrammen (vgl. Kap. 5.4.7 der Norm)
Überwachung des Auditprogramms (vgl. Kap. 5.5 der Norm)
Bewertung und Verbesserung des Auditprogramms (vgl. Kap. 5.6 der Norm)

Durchführung eines Audits

3

Audits laufen in unterschiedlichen *Phasen* ab, die in der Abb. 3.1 dargestellt und in diesem Kapitel beschrieben werden.

3.1 Veranlassen des Audits

Der *Auditanlass* ergibt sich grundsätzlich aus dem Auditprogramm. Es kann sich z. B. um ein internes Audit im Rahmen des KVP, ein Kundenaudit, ein Zertifizierungsaudit oder ein jährliches Überwachungsaudit handeln. Zur Initiierung des Audits sind folgende Fragen zu klären:[1]

- Bestätigung der Befugnis zur Durchführung des Audits,
- Information über Auditziele, -umfang, -methoden und -team,
- Zugang zu den erforderlichen Informationen,
- Planung des Audits.

3.2 Vorbereitung der Audittätigkeiten[2]

In Vorbereitung des eigentlichen Audits erfolgt eine Überprüfung der für das Managementsystem relevanten Dokumente. Die Dokumentenprüfung findet hinsichtlich *Vollständigkeit, Richtigkeit, Konsistenz, Praktikabilität und Aktualität* statt:

---

[1] Vgl. DIN EN ISO 19011:2011, Kap. 6.2.
[2] Vgl. DIN EN ISO 19011:2011, Kap. 6.3.

© Springer Fachmedien Wiesbaden 2015
J. Brauweiler et al., *Auditierung und Zertifizierung von Managementsystemen*,
essentials, DOI 10.1007/978-3-658-10213-5_3

Abb. 3.1 Phasen eines Audits. (Quelle: Eigene Darstellung nach DIN EN ISO 14001, Kap. 6)

- Vollständigkeit: Sind alle laut Norm und Managementsystem geforderten Dokumente erstellt und verfügbar?
- Richtigkeit: z. B. Prozessbezeichnungen und Verantwortlichkeiten korrekt?
- Konsistenz: Sind die dokumentierten Regelungen aufeinander abgestimmt, in sich stimmig, nicht redundant und ohne Lücken?
- Praktikabilität: Entsprechen die dokumentierten Regelungen der betrieblichen Praxis?

• Aktualität: Werden die Anforderungen an die Lenkung der Dokumente einge-
halten?

Mit diesem Teil des Audits verschaffen sich Auditor und Auditteam einen Eindruck über die Konformität des Managementsystems mit den Auditkriterien und
den Anforderungen der zugrundeliegenden Norm, wie z. B. der ISO 14001. Die zur
Verfügung zu stellende Dokumentation umfasst *Dokumente, Aufzeichnungen und
gegebenenfalls Berichte früherer Audits* (vgl. Tab. 3.1).
    Diese Dokumentenprüfung wird beim externen Audit als „Audit Stufe 1" oder
„Systemanalyse" bezeichnet.
    Nachdem sich der Auditor/das Auditteam auf dieser Basis ein Bild von der Or-
ganisation und dem Umsetzungsstand des Managementsystems gemacht hat, wird
ein *Auditplan* vorbereitet.

Der Auditplan umfasst
• die Auditziele,
• den Auditumfang,
• die Auditkriterien,
• zu prüfende Referenzdokumente,
• zu prüfende Standorte,
• Auditmethoden sowie
• die Rollen der Auditoren des Auditteams und deren Verantwortlichkeiten.

Tab. 3.1 Arten von Dokumenten für den Dokumentencheck. (Quelle: Gietl und Lobinger
2010, S. 33 f.)

Dokumente mit Anforderungen („Muss-Dokumente")	Gesetze, Verordnungen, behördliche Anordnungen/ Genehmigungsbescheide
	Rechtskataster
	Technische Regelwerke
	Vorschriften und Normen von Verbänden (VDI Richtlinien, VDE-Normen, VDA-Anforderungen, z. B. VDA 6)
	Normen zu Managementsystemen (ISO 9001, ISO 14001, EMAS III, usw.)
	Organisationseigene Vorschriften und Leitlinien
Dokumente zur Umsetzung des Managementsystems	Managementhandbücher, Betriebshandbücher
	Verfahrens- und Betriebsanweisungen, Prozessleitfäden, Werkrichtlinien
	Prüfanweisungen, Prüfpläne
	Anlagenbeschreibungen, Betriebsanleitungen, Produktspezifikationen
	Auditberichte, Berichte zu Management Reviews und Berichte zu Kennzahlen

Da ein Audit den Charakter einer *Stichprobe* hat, sind vorab Schwerpunkte festzulegen. Im Spannungsfeld zwischen umfassender Betrachtung und Detailtiefe des Audits bei begrenztem Zeitbudget, müssen Einschränkungen im Auditumfang in Kauf genommen oder Parallelaudits geplant werden, bei denen verschiedene Bereiche zeitgleich durch mehrere Mitglieder des Auditteams auditiert werden. Gerade in großen Organisationen werden Audits notwendigerweise durch Auditteams durchgeführt, die eine parallele Prüfung von Bereichen ermöglichen. Generell ist es im Rahmen von Audits aber stets nur möglich,

a) ausgewählte Bereiche des Managementsystems mit unterschiedlichen Schwerpunktsetzungen zu betrachten und
b) in den untersuchten Bereichen Stichproben zu erheben.

Es hängt von der Fach- und Branchenkompetenz sowie den Erfahrungen des Auditors ab, die Auditschwerpunkte genau auf die Bereiche zu fokussieren, die prüfungsrelevant sind. *Prüfungsrelevante Bereiche* ergeben sich auf Basis:

• der Dokumentenprüfung,
• den Ergebnissen vorangegangener Audits,
• „üblichen" Prüfschwerpunkten von Audits, da diese Bereiche entweder sehr relevant sind (z. B. Rechtskonformität) oder häufig bei Audits als Schwachstellen identifiziert werden (z. B. Übereinstimmung der Verfahrensanweisungen mit der betrieblichen Praxis).

Tabelle 3.2 gibt ein Beispiel für einen Auditplan eines internen UMS-Audits und die dort gelegten Schwerpunkte.
    Über das mehrjährige Auditprogramm sollte gewährleistet werden, dass im Rahmen eines Rezertifizierungszyklusses (also innerhalb von 3 Jahren) alle Bereiche eines Managementsystems vertiefend abgeprüft werden.

3.3 Durchführung der Audittätigkeiten[3]

Um Auditnachweise zu sammeln, auf deren Basis festgestellt werden kann, ob und wie die definierten Auditkriterien erfüllt werden, schlägt die ISO 19011 ein standardisiertes Vorgehen nach nachfolgenden Schritten vor (vgl. auch Tab. 3.2). Dieser Teil des Audits wird bei externen Audits als Audit Stufe 2 oder „Systembewertung" bezeichnet.

---

[3] Vgl. dazu DIN EN ISO 19011:2011, Kap. 6.4.

Tab. 3.2 Beispiel für einen Auditplan. (Quelle: Eigene Darstellung)

Zeit	Thema	Bereich	Beteiligte	Elemente ISO 14001
8.15–8.30	Einführungsgespräch			–
08.30–09.00	Verantwortung der Obersten Leitung (Umweltpolitik, -ziele und -programm, KVP, Managementbewertung Rechtskonformität, Notfallmanagement, Gefahrstoffe)			4.2, 4.3.2, 4.3.3, 4.4.7, 4.5.1, 4.5.3, 4.6; 4.4.4, 4.4.5, 4.5.4
09.00–10.30	Notfallmanagement, Gefahrstoffmanagement, Wartung und IH, Verantwortlichkeiten, Pflichtenübertragung, Beauftragte,			4.4.1, 4.4.6, 4.4.7, 4.5.1; 4.4.4, 4.4.5, 4.5.4
10.30–11.30	Betriebsbegehung, Teil 1			4.4.1, 4.4.6, 4.4.7, 4.5.1; 4.4.4, 4.4.5, 4.5.4
11.30–12.00	Rechtskonformität, Bewertung der Einhaltung von Rechtsvorschriften und anderen Anforderungen, Schulungen, Kommunikation			4.3.2, 4.5.2, 4.4.2, 4.4.3; 4.4.4, 4.4.5, 4.5.4
12.00–12.30	Mittagspause			
12.30–13.30	Direkte und indirekte Umweltaspekte, Motivation und Einbeziehung der Mitarbeiter Umweltziele und -programm			4.3.1, 4.3.3; 4.4.4, 4.4.5, 4.5.4
13.30–14.30	Ablauflenkung (Einkauf, Abfallmanagement, Energiemanagement)			4.3.1, 4.4.6; 4.4.4, 4.4.5, 4.5.4
14.30–15.00	Arbeitsumgebung Überwachung und Messung, Audits, Nichtkonformität, Korrektur- und Vorbeugungsmaßnahmen			4.5.1, 4.5.3, 4.5.5; 4.4.4, 4.4.5, 4.5.4
15.00–15.30	Dokumentation/Lenkung von Dokumenten und Aufzeichnungen			4.4.4, 4.4.5, 4.4.6, 4.5.4
15.30–16.00	Vorbereitung Auditor	–	–	–
16.00–16.30	Abschlussgespräch			–

Eröffnungsgespräch

Das Audit beginnt mit einem *Eröffnungsgespräch*, das der Auditor leitet. An diesem sollten alle am Audit beteiligten Personen, so auch die oberste Leitung, teilnehmen. Mit dem Eröffnungsgespräch soll eine Kommunikationsbasis geschaffen und eine möglichst zwanglose, freundliche, entspannte und vertrauensvolle Atmosphäre gefördert werden. Das Audit soll seinem Charakter nach weder eine starre Kontrolle der Einhaltung bürokratischer Vorschriften sein, sondern eher ein konstruktives Feedback, mit dem ein gemeinsamer Lern- und Verbesserungsprozess unterstützt werden kann.

Das Eröffnungsgespräch umfasst folgende Themen:[4]
- Vorstellung der Teilnehmer und ihrer Rollen,
- Bestätigung der Auditziele, des -umfangs, der -kriterien sowie des -zeitplanes,
- Erläuterung der geplanten Audittätigkeiten, Methoden und Verfahren,
- Klärung offener Fragen,
- weitere Punkte je nach Bedarf der Organisation.

Die Eröffnungsbesprechung dient auch der Einholung der Zustimmung aller Beteiligten für o. g. Aspekte, der Motivation zur aktiven Teilnahme und der Sicherstellung der Durchführung der Audittätigkeiten, indem abgeklärt wird, ob alle nötigen Mittel auch verfügbar sind.

Sammlung von Auditnachweisen (Auditierung)

Im Anschluss an das Eröffnungsgespräch erfolgt die *Auditierung* der jeweiligen Bereiche der Organisation nach dem festgelegten Auditplan. Der Auditor sammelt mithilfe von *quantitativ und qualitativ angemessenen Stichproben[5]* zu den festgelegten Auditkriterien die Auditnachweise. Die erforderlichen Informationen werden zum Beispiel mithilfe folgender Techniken erhoben:

---

[4] Vgl. ISO 19011, Kap. 6.4.
[5] Hierzu gibt es in der Norm eine Anleitung. Vgl. DIN EN ISO 19011:2011, Anhang, B.3.

Auditierungstechniken
- Standortbegehung,[6]
- Befragungen/Interviews mit Verantwortlichen/Mitarbeitern der Organisation,[7]
- Beobachtung von Tätigkeiten, der Arbeitsumgebung und der Arbeitsbedingungen,
- Fortlaufende Dokumentenprüfung,
- Nutzung weiterer Informationsquellen (zum Beispiel von externen interessierten Kreisen oder von Webseiten).

Als Hilfsmittel für die Dokumentation der erfassten Informationen erstellen bzw. aktualisieren die Auditoren die dafür notwendigen Arbeitsdokumente, wie zum Beispiel *Checklisten, Fragenkataloge oder Formulare*. Durch diese Dokumente kann ein strukturiertes Vorgehen unterstützt und die Transparenz des Vorgehens für die Beteiligten erhöht werden. Obwohl verschiedene Anbieter Vorlagen für Auditchecklisten für verschiedene Funktionsbereiche von Unternehmen bereitstellen, sollten diese Checklisten „von der Stange" an die jeweiligen Entwicklungen und Zielstellungen der Organisation, den Norm- und Kundenanforderungen, an aktuelle Ereignisse und die Ergebnisse vorheriger Auditierungen angepasst werden. Um eine möglichst hohe Vollständigkeit sicherzustellen, können Checklisten gemeinsam mit den Verantwortlichen erstellt werden. Sie sollten zudem nicht zu starre Vorgaben machen. Die Checklisten können entsprechend der jeweiligen Norm des Managementsystems, bzw. deren Kapitelüberschriften aufgebaut werden. Durch das kapitelweise Abgleichen der Dokumente und des auditierten Bereiches, kann die Normkonformität recht einfach geprüft werden (Sammlung von Auditnachweisen für die Auditkriterien). Tab. 3.3 stellt eine solche Checkliste für die Normanforderung 4.3.2 „Rechtliche Verpflichtungen und andere Anforderungen" der ISO 14001 dar.

Bei schon lange etablierten Managementsystemen empfiehlt sich dagegen eine weniger strenge Orientierung an den Normkapiteln, dafür eine Schwerpunktsetzung auf die Identifikation von Widersprüchlichkeiten in den Dokumenten und Prozessen und auf die Praktikabilität und Angemessenheit der dokumentierten Verfahren.

---

[6] Hierzu gibt es in der Norm eine Anleitung. Vgl. DIN EN ISO 19011:2011, Anhang, B.6.
[7] Hierzu gibt es in der Norm eine Anleitung. Vgl. DIN EN ISO 19011:2011, Anhang, B.7.

Tab. 3.3 Auszug aus einer Auditcheckliste. (Quelle: Eigene Darstellung)

Normanforderung „Recht-liche Verpflichtungen und andere Anforderungen" (Kap. 4.3.2)	Datenquelle/ Stichprobe	Feststellungen		Maßnah-menemp-fehlung
		Konformität	Abweichungen	
Hat das Unternehmen Ver-fahren, um alle relevanten rechtlichen Verpflichtungen und anderen Anforderungen zu ermitteln und zugänglich zu machen?				
Wie hat das Unternehmen die für seine Produktion und Tätigkeiten relevanten rechtlichen Verpflichtungen und anderen Anforderungen ermittelt?				
Gibt es ein Verzeichnis für die relevanten rechtlichen Verpflichtungen und sonsti-gen Forderungen?				
Wie hält das Unternehmen dieses Verzeichnis auf dem aktuellen Stand?				
Welche gesetzlichen „Beauftragte" muss das Unternehmen bestellen?				
Wie werden die Forde-rungen übersichtlich und verständlich dargestellt?				
Wie werden die betroffen Abteilungen über Ände-rungen der Forderungen informiert?				
Gibt es eine Über-sicht der Auflagen aus Genehmigungen?				
Erkenntnisse aus Begehungen/Gesprächen				

Als halb-standardisierter Fragenkatalog, mit ausreichend Platz für Notizen und Anmerkungen, dient die Checkliste auch dazu, Erkenntnisse aus Begehungen und Gesprächen mit zu erfassen. Sie kann dann auch als *Ergebnisprotokoll* dienen, was den Aufwand für die Nachbereitung reduziert (siehe dazu auch Auditbericht). Es kann zielführend sein, den zu auditierenden Bereichen die Auditchecklisten im Vorfeld als Vorbereitung zur Verfügung zu stellen, solange klargestellt wird, dass es sich hierbei um eine Orientierung handelt und auch themenverwandte Aspekte Gegenstand des Audits werden können.

Ist ein *Auditteam* tätig, so treffen sich die Auditoren in regelmäßigen Abständen zum Informationsaustausch sowie zur Aufbereitung der Informationen (siehe Tab. 3.2). Der Auditteam-Leiter informiert die oberste Leitung regelmäßig über den Fortgang des Audits. Er hat auch eine sofortige Informationspflicht, sollte sich während des Audits herausstellen, dass die Auditziele nur teilweise oder nicht erreichbar sind und der Auditplan angepasst bzw. das Audit abgebrochen werden muss.

Treffen von Auditfeststellungen und -schlussfolgerungen
Im Zuge der Auditierung treffen die Auditoren *Auditfeststellungen*, d. h. sie beurteilen die gesammelten Auditnachweise gegenüber den festgelegten Auditkriterien hinsichtlich Konformität oder Nichtkonformität. Die ISO 19011 unterscheidet *zwei Arten von Nichtkonformitäten.*

▶ **Definition** Nichtkonformitäten können in folgenden Formen auftreten:[8]
a) die *Nichterfüllung einer Vorgabe der zugrundeliegenden Norm* wie der ISO 14001 (z. B. es wurden keine umweltorientierten Schulungen durchgeführt) und
b) das *Fehlen von der Norm geforderter Vorgabedokumente* des UMS *und/oder* von *Pflichtaufzeichnungen* (z. B. es wurde keine Umweltpolitik schriftlich fixiert).

Nichtkonformitäten sind also Ausdruck von Abweichungen. Beispiele für typische bei Audits festgestellte Abweichungen in (Umwelt-)Managementsystemen sind z. B.

• fehlende Kenntnis der Mitarbeiter über die Umweltpolitik,
• Umweltziele nicht quantifiziert, Probleme bei Messung/Bewertung der Umweltleistung,
• fehlende Managementbewertung und/oder keine Dokumentation darüber,

---

[8] Vgl. DIN EN ISO 19011:2011, Kap. 6.4.7.

- fehlende Übersicht über die Genehmigungs- und Überwachungssituation (Termine, Verantwortlichkeiten),
- nicht rechtskonforme Lagerung von Gefahrstoffen,
- unvollständige Sicherheitsdatenblätter,
- veraltete Betriebsanweisungen,
- fehlende Nachschulung der Mitarbeiter, die bei Schulungen nicht anwesend waren,
- Dokumentation entspricht nicht der aktuellen betrieblichen Praxis
- ...

Aus der Tab. 3.4 ist erkennbar, dass es unterschiedliche *Stufen von Abweichungen* gibt, die zu verschiedenen Auditschlussfolgerungen führen können (vgl. Tab. 3.4).

Aus Nichtkonformitäten resultieren Korrektur-, Vorbeuge- oder Verbesserungsmaßnahmen für das Managementsystem. Sie stellen die Auditschlussfolgerungen dar.

Abschlussbesprechung

Das Audit endet mit einer *Abschlussbesprechung*, an der – ähnlich wie an der Eröffnungsbesprechung – alle Beteiligte teilnehmen sollten. Im Rahmen dieser Besprechung werden der Organisation überblicksartig die Auditfeststellungen und -schlussfolgerungen dargelegt und die notwendigen Korrektur- und Vorbeuge- sowie Verbesserungsmaßnahmen der Organisation besprochen. Es ist wichtig, direkt im Abschlussgespräch Einigkeit über die Korrektur- und Verbesserungsmaßnahmen zu erreichen und die Umsetzung zu terminieren.

Das Abschlussgespräch dient auch dazu, den Beteiligten nochmals die Gelegenheit zu geben, eventuelle Unklarheiten zu diskutieren. Dabei sollten auch die bisherigen Leistungen entsprechend gewürdigt und nicht ausschließlich nur Verbesserungspotenziale erwähnt werden, z. B. indem auch Positives und Stärken betont werden. Es gilt zwischen systematischen und persönlichen Fehlern strikt zu differenzieren, um den negativen Eindruck von Verfehlungen und Versäumnissen und damit Frustration zu vermeiden und Mut zur Verbesserung zu geben[9].

Erstellung und Verteilung des Auditsberichts

Im Anschluss an das Audit erstellt der Auditor den Auditbericht.

▶ **Definition** Ein Auditbericht ist „... eine umfassende, genaue, kurzgefasste und eindeutige Aufzeichnung des Audits..."[10].

---

[9] Miller und Rollnick 2009.
[10] DIN EN ISO 19011:2011, S. 45.

Tab. 3.4 Zusammenhang zwischen Auditfeststellungen und Auditschlussfolgerungen, differenziert nach Arten von Abweichungen. (Quelle: In Anlehnung an Gietl und Lobinger 2010, S. 72 ff.)

Formen von Abweichungen		
kritische Abweichung	*Nebenabweichung*	Konformität
ein gefordertes Verfahren wurde nicht implementiert oder	ein gefordertes Verfahren wird teilweise nicht erfüllt oder	Obwohl ein Verfahren der Normanforderung entspricht und die Wirksamkeit im Audit nachgewiesen wurde, können Verbesserungsmaßnahmen zur Wirksamkeitssteigerung formuliert werden
eine konkrete Anforderung kann nicht nachgewiesen werden *(Die Nichterfüllung bezieht sich zumeist auf ein konkretes Unterkapitel der jeweiligen Norm und umfasst sowohl eine fehlende Planung als auch eine nicht wirksame Umsetzung)*	ein Verfahren wurde zwar eingeführt, aber nicht effektiv umgesetzt *(Hierbei werden bestimmte Unterpunkte der Norm nicht oder überwiegend nicht erfüllt)*	
Beispiele für entsprechende Auditfeststellungen		
Kein geregeltes Verfahren zur Erfassung der relevanten gesetzlichen und anderen Vorschriften und zur Ableitung der unternehmerischen Handlungspflichten	Der Prüfzeitraum ist für mehrere zu prüfende Anlagen überschritten	Umweltpolitik wurde für externe Besucher beim Pförtner veröffentlicht
Auditschlussfolgerungen (im Auditbericht)		
Korrekturmaßnahme	*Korrekturmaßnahme*	*Empfehlung/Hinweise für eine Verbesserungsmaßnahme*
Erstellung einer Verfahrensanweisung „Rechtliche Verpflichtungen und andere Anforderungen"	Sofortiges Nachholen der bisher versäumten Prüfungen	Umweltpolitik auch auf der homepage der Organisation bekannt machen
Durchführung von Schulungen für die relevanten Personen	*Vorbeugemaßnahme*	
	Einpflegen einer Erinnerung für Prüftermine mit 2-monatigem Vorlauf	

Der Auditbericht hat folgende Inhalte[11]
- Auditziele,
- Auditumfang, insbesondere die Nennung der Organisations- und Funktionseinheiten bzw. der auditierten Prozesse,
- Nennung des Auditauftraggebers,
- Nennung des Auditteams sowie der Teilnehmer am Audit der auditierten Organisation,
- Termine und Orte, an denen die Audittätigkeiten durchgeführt wurden,
- Auditkriterien,
- Auditfeststellungen sowie zugehörige Nachweise,
- Auditschlussfolgerungen,
- eine Angabe darüber, in welchem Umfang die Auditkriterien erfüllt wurden.

Es ist wichtig, im Rahmen eines Auditberichtes die o.g. Informationen kurz und knapp, aber trotzdem prägnant darzustellen. Tab. 3.5 gibt ein Beispiel dafür.

Auditabschluss
Das Audit ist beendet, wenn die geplanten Audittätigkeiten durchgeführt wurden oder das Audit unplanmäßig beendet werden musste.

Die Auditdokumente sind fristgerecht aufzubewahren bzw. zu vernichten. Die vereinbarten Geheimhaltungsregeln sind zu beachten.

Auditfolgemaßnahmen
Wie dargestellt resultieren Auditfeststellungen und -schlussfolgerungen in zu terminierenden Korrektur-, Vorbeuge- oder Verbesserungsmaßnahmen. Die Wirksamkeit dieser Maßnahmen ist in Folgeaudits zu überprüfen.

► **Zusammenfassung:** Die Audittätigkeiten umfassen neben der Veranlassung des Audits die Dokumentenprüfung und die Durchführung des Audits. Diese läuft nach einem schematisierten Verfahren von Eröffnungsgespräch, Sammlung von Auditnachweisen, Treffen von Auditfeststellungen und -schlussfolgerungen und Abschlussgespräch statt. Im Anschluss daran wird durch den Auditor der Auditbericht erstellt und verteilt. Die Organisation ist für die Umsetzung der Auditfolgemaßnahmen, d. h. für die Realisierung der im Zuge des Audits formulierten Korrektur-, Vorbeugungs- und Verbesserungsmaßnahmen zuständig.

---

[11] DIN EN ISO 19011:2011, S. 45 f.

Tab. 3.5 Beispiel für eine Gliederung „Auditbericht". (Quelle: Eigene Darstellung)

1. Informationen zum durchgeführten Audit

Auditierter Bereich		Datum:	
Regelwerk	DIN EN ISO 14001:2009		
Auditor			
Auditziel	Beurteilung des Umweltmanagementsystems in der xy-GmbH auf Konformität mit den Anforderungen der DIN EN ISO 14001:2009 (internes Systemaudit)		
Dokumentation	UMHB, Revision xxx		
Auditplan	siehe Anlage		

2. Vorgehen

3. Grundsätzliche und zusammenfassende Einschätzungen

4. Auditfeststellungen (Auszug am Beispiel des Normkapitels 4.3 „Planung")

Norm kap.	Benennung	Konformitätsbewertung					Korrektur- oder Vorbeugemaßnahme
		1	2	3	NZ	Erläuterung	
4.3	Planung						
4.3.1	Umweltaspekte						
4.3.2	Rechtliche Verpflichtungen und andere Anforderungen						
4.3.3	Zielsetzungen, Einzelziele und Programm(e)						

Erläuterungen:
1 = Erfüllt, 2 = Nebenabweichung, 3= Hauptabweichung, NZ = Nicht zutreffend

5. Abschließende Hinweise

Auditor, Unterschrift
Ort, Datum

6. Anlage: Auditplan

Zertifizierungsverfahren 4

Die Zertifizierung eines Managementsystems stellt ein Drittparteien-Audit, also ein externes Audit dar. Die im Kap. 3 dargestellten Prozessschritte und Anforderungen an die Durchführung eines Audits gelten auch für Zertifizierungsaudits. Sie werden ergänzt um spezifische Anforderungen gemäß ISO/IEC 17021. Diese Norm legt die formalen und inhaltlichen Anforderungen an Stellen fest, die Audits und Zertifizierungen von Managementsystemen beliebiger Art durchführen und diese im Ergebnis mit einem Zertifizierungsdokument/Zertifikat bestätigen[1].

Die Norm regelt folgende Themenfelder:
a) *Grundsätze für Zertifizierungsorganisationen*, wie Unparteilichkeit, Kompetenz, Verantwortlichkeit, Vertraulichkeit, Offenheit für Beschwerden (vgl. Kap. 4 der Norm),
b) *Allgemeine Anforderungen*, wie Rechts- und Vertragsfragen, Finanzierung, Organisationsstruktur, Personal, Informationen (vgl. Kap. 5–8 der Norm),
c) *Prozess der Auditierung* für Erst- Zertifizierungs-, Überwachungs- und Rezertifizierungsaudits (vgl. Kap. 9 der Norm),
d) *Managementsystemanforderungen für Zertifizierungsstellen*, z. B. bezogen auf QMS (vgl. Kap. 10 der Norm).

Zertifizierungsaudits durchlaufen ebenfalls standardisierte *Phasen*, die in Abb. 4.1 dargestellt werden. Die in Abb. 4.1 visualisierten Phasen sind ein Teil des Zertifizierungsverfahrens. Bei der Beschreibung der Phasen werden daher ihre Anforde-

---

[1] Vgl. EN ISO/IEC 17021, S. 6–8.

© Springer Fachmedien Wiesbaden 2015
J. Brauweiler et al., *Auditierung und Zertifizierung von Managementsystemen*, essentials, DOI 10.1007/978-3-658-10213-5_4

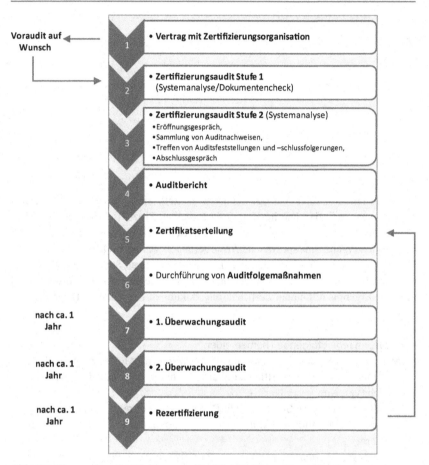

Abb. 4.1 Phasen eines Zertifizierungsaudits. (Quelle: Eigene Darstellung)

rungen nicht wiederholt, sondern nur die hinzugekommenen Phasen sowie besondere Spezifika der schon besprochenen Phasen bei Zertifizierungsaudits erläutert.
Die Phasen eines Zertifizierungsaudits werden am Beispiel einer Zertifizierung
nach ISO 14001 erläutert.

4.1 Vertrag der Organisation mit der Zertifizierungsorganisation

Die Organisation schließt *mit einer Zertifizierungsorganisation*, die in Deutschland durch die Deutsche Akkreditierungsstelle[2] zugelassen sein muss, einen *Vertrag* über die Zertifizierung[3]. Die Zertifizierungsorganisation muss völlig unabhängig und unparteiisch gegenüber der Organisation sein. So sind Verbindungen zwischen der Organisation und dem Zertifizierer hinsichtlich Eigentümerschaft. Leitung, Personal, gemeinsam genutzter Ressourcen, Finanzen, Verträgen (zum Beispiel Beratung) ausgeschlossen[4].

Der Vertrag hat, angelehnt an den dreijährigen Rezertifizierungszyklus, in der Regel eine Laufzeit von drei Jahren und umfasst ein zweistufiges Erst-Audit, die Überwachungsaudits im 1. und 2. Jahr sowie das Rezertifizierungsaudit im 3. Jahr[5]. Diese Tätigkeiten werden als *Auditprogramm* bezeichnet (vgl. Kap. 3).

Die Zertifizierungsorganisation wählt einen für die Organisation qualifizierten Auditor bzw. bei größeren Organisationen einen Auditteam-Leiter mit Auditteam aus. Der Auditteam-Leiter/Auditor muss eine Branchenberechtigung für die zu auditierende Organisation besitzen[6].

4.2 Audit Stufe 1 (Dokumentenprüfung/Systemanalyse)[7]

Das Audit Stufe 1 entspricht der Vorbereitung des Audits (vgl. Kap. 3). Vor der Dokumentenprüfung erhält die Organisation vom Zertifizierer eine *Kernfrageliste*, in der der Auditor in Anlehnung an das zu prüfende Managementsystem Kennzeichen dieses Systems abfragt, um die Zertifizierungsfähigkeit der Organisation einzuschätzen. Im Anschluss daran erfolgt die Dokumentenprüfung. Während diese früher nicht vor Ort stattfand, gehen die Zertifizierer nun verstärkt dazu über, auch schon diesen Teil des Audits in der Organisation durchzuführen, um Rücksprachen mit den verantwortlichen Personen oder Betriebsbegehungen durchführen zu können. Auf Wunsch bzw. bei Erfordernis kann ein Voraudit durchgeführt werden, um die Zertifizierungsfähigkeit der Organisation festzustellen.

---

[2] Vgl. http://www.dakks.de/.

[3] Vgl. DIN EN ISO/IEC 17021:2011, Kap. 5.1.

[4] Vgl. DIN EN ISO/IEC 17021:2011, Kap. 5.2.

[5] Vgl. DIN EN ISO/IEC 17021:2011, Kap. 9.1.1.

[6] Vgl. DIN EN ISO/IEC 17021:2011, Kap. 7.1 und 7.2.

[7] Vgl. dazu ISO/IEC 17021, Kap. 9.2.3.1.

4.3   Audit Stufe 2 (Systembegutachtung)[8]

Das Audit Stufe 2 verläuft ebenfalls in den Schritten:

- Eröffnungsbesprechung,
- Sammlung von Auditnachweisen,
- Treffen von Auditfeststellungen und -schlussfolgerungen,
- Abschlussgespräch,
- Erstellung des Auditberichtes.

Die Sammlung von Auditnachweisen dient bei externen Audits der Feststellung/ Bewertung der (Re-)Zertifizierungsfähigkeit der Organisation. Die Auditfeststellungen werden auch hier nach kritischen Abweichungen, Nebenabweichungen und Konformitäten unterschieden. Bei Zertifizierungsaudits kann das Vorliegen von kritischen Abweichungen (je nach Anzahl und Schwere) zur Verweigerung der (Re-) Zertifizierung durch die Zertifizierungsstelle und/oder zum Auditabbruch führen. Das Audit kann dann erst nach einem angemessenen Zeitraum (z. B. 9 Monate) wiederholt werden. Nebenabweichungen führen i. d. R. zu Auflagen, die innerhalb von einer Frist (i. d. R. 2 Monate) abzustellen und deren Umsetzung der Zertifizierungsstelle nachzuweisen ist.

Eine Auditschlussfolgerung kann also:

a) eine Empfehlung zur (Re-)Zertifizierung oder
b) eine Zertifizierungsempfehlung mit Auflagen oder
c) die Verweigerung der Zertifizierung

sein. Im Falle einer Empfehlung für eine Zertifizierung erhält die Organisation das Zertifizierungsdokument (das Zertifikat). Die ISO/IEC 17021 gibt an, welche Informationen das Zertifizierungsdokument umfassen muss. Dazu gehören zum Beispiel Angaben zur zertifizierten Organisation, Ablaufdatum oder Fälligkeitsdatum zur Rezertifizierung, Geltungsbereich der Zertifizierung, Angaben zur Zertifizierungsstelle[9].

---

[8] Vgl. dazu ISO/IEC 17021, Kap. 9.2.3.2.
[9] Vgl. ISO/IEC 17021, Kap. 8.2.

Der Bericht eines Zertifizierungsaudits hat andere Inhalte als ein interner Auditbericht und zwar folgende:[10]

- Anmerkungen zu Konformitäten, Nichtkonformitäten, Korrekturen und Korrekturmaßnahmen,
- Bestätigung der an die Zertifizierungsstelle von der Organisation gelieferten Informationen,
- Empfehlung über die Gewährung bzw. Nichtgewährung der Zertifizierung sowie diesbezüglichen Bedingungen und Beobachtungen.

Der Auditbericht wird von der Zertifizierungsorganisation auf *Plausibilität* geprüft und dann eine Empfehlung zur Zertifizierung (oder gegebenenfalls Nichtzertifizierung) gegeben. Wie schon erwähnt, führen nicht alle festgestellten Nichtkonformitäten automatisch zur Verweigerung der Zertifizierung.

4.4 Zertifizierungszyklus

Das erteilte Zertifikat hat eine *Gültigkeit von 3 Jahren.*
Nach Ablauf des 1. und 2. Jahres ist ein *Überwachungsaudit* durchzuführen. Es ist durch folgende Kriterien gekennzeichnet:[11]

- es wird als Vor-Ort-Audit durchgeführt,
- es hat in der Regel nicht den Umfang eines Zertifizierungsaudits, sondern konzentriert sich auf wesentliche Schwerpunkte (zum Beispiel interne Audits und Managementbewertung, Abstellung von Nichtkonformitäten, Behandlung von Beschwerden, Fortschritte hinsichtlich der kontinuierlichen Verbesserung).

Im 3. Jahr erfolgt das *Rezertifizierungsaudit.* Es ist durch folgende Kriterien gekennzeichnet:[12]

- Audits der Stufe 1 werden nur bei signifikanten Änderungen des UMS, beim Kunden oder bei z. B. den gesetzlichen Rahmenbedingungen vorgenommen,
- es wird als Vor-Ort-Audit durchgeführt.

---

[10] Vgl. DIN EN ISO/IEC 17021:2011, Kap. 9.1.10.
[11] Vgl. DIN EN ISO/IEC 17021:2011, Kap. 9.3.2
[12] Vgl. DIN EN ISO/IEC 17021:2011, Kap. 9.4.

▶   **Zusammenfassung:** Managementsysteme nach ISO-Normen werden durch eine akkreditierte Zertifizierungsorganisation zertifiziert. Diese führt nach der Dokumentenprüfung (Audit Stufe 1) ein Zertifizierungsaudit in der Organisation (Audit Stufe 2) durch. Ist dieses erfolgreich, erhält die Organisation die Zertifizierungsurkunde. Das zertifizierte Managementsystem ist nach 3 Jahren extern zu rezertifizieren und im 1. bzw. 2. Jahr extern zu überwachen.

Besonderheiten für Validierungsverfahren nach EMAS

5

Der dargestellte Zertifizierungsprozess ist für alle Managementsysteme nach ISO charakteristisch. Im Bereich der UMS gibt es neben der ISO 14001 noch einen zweiten internationalen Standard, das Environmental Management and Audit Scheme (EMAS). EMAS ist hauptsächlich auf die EU orientiert und eine Rechtsverordnung, deren Umsetzung freiwillig ist. An das UMS nach EMAS werden über ISO 14001 hinausgehende inhaltliche Anforderungen gestellt. Weiterhin ist der externe Überprüfungsprozess, die *Validierung*, durch folgende zusätzliche Verfahrensschritte im Vergleich zur ISO 14001 gekennzeichnet (vgl. Tabelle 5.1):

- In jedem EU-Mitgliedsland fungieren für die Validierung von UMS nach EMAS *speziell qualifizierte und staatlich überwachte Umweltgutachter*.[1]
- Das Validierungsaudit verläuft gemäß der dargestellten Schritte in Form eines Audit Stufe 1 und Audit Stufe 2. Der Umweltgutachter begutachtet sowohl *das UMS* der *Organisation*, als auch die *Umwelterklärung* nach den in der EMAS festgelegten inhaltlichen Schwerpunkten.[2]
- Auf Basis der Validierungserklärung des Umweltgutachters kann die Organisation bei den sogenannten zuständigen Stellen (IHKs und HWKs) einen *Registrierungsantrag* für das EMAS-Register stellen.
- Für die Registrierung haben die Organisationen eine Gebühr zu bezahlen, deren Höhe sich nach der Größe des Unternehmens und ihrer Umweltrelevanz ergibt.

---

[1] In Deutschland werden die Umweltgutachter zugelassen und beaufsichtigt durch die Deutsche Akkreditierungs- und Zulassungsgesellschaft für Umweltgutachter mbH. Siehe für weitere Informationen http://www.dau-bonn-gmbh.de.

[2] Vgl. EMAS III, 2009, Artikel 18.

© Springer Fachmedien Wiesbaden 2015
J. Brauweiler et al., *Auditierung und Zertifizierung von Managementsystemen*, essentials, DOI 10.1007/978-3-658-10213-5_5

Tab. 5.1 Gemeinsamkeiten und Unterschiede (kursiv markiert) von UMS-Zertifizierungs- und Validierungsverfahren. Quelle: Eigene Darstellung

Zertifizierungsverfahren bei ISO 14001	Validierungsverfahren bei EMAS
1. Vertrag der Organisation	
mit Zertifizierungsorganisation	*mit staatlich zugelassenen und überwachten Umweltgutachter*
2. Vorbereitung des Audits (1. Stufe des zweistufigen Erstaudits)	
Kernfrageliste Prüfung der Dokumentation Erstellung des Auditplans	Kernfrageliste Prüfung der Dokumentation *Prüfung der Umwelterklärung* Erstellung des Auditplans
3. Durchführung des Vor-Ort-Audits (2. Stufe des zweistufigen Erstaudits)	
Eröffnungsbesprechung Auditierung der Organisation Auditfeststellungen und -schlussfolgerungen Abschlussbesprechung	Eröffnungsbesprechung Auditierung der Organisation *Validierung der Umwelterklärung* Auditfeststellungen und -schlussfolgerungen Abschlussbesprechung
4. Erstellung des Auditberichtes	
Erstellung des Auditberichtes Prüfung durch Zertifizierungsorganisation	Erstellung des Auditberichtes *Ausstellung einer Erklärung über die Validierung durch Umweltgutachter*
5. Registrierungsantrag bei zuständiger Stelle	
-	*Registrierungsantrag der Organisation Bezahlung der Registrierungsgebühr Regelanfrage der zuständigen Stelle an Umweltbehörde Registrierung der Organisation*
6. Zertifizierung/Validierung	
Vergabe des Zertifikats	*Vergabe des EMAS-Logos*
7. Zertifizierungs-/Validierungszyklus	
jährliche Überwachungsaudits dreijährliches Rezertifizierungsaudit	jährliche Überwachungsaudits *und Aktualisierung der Umwelterklärung* dreijährliches Revalidierung *und Validierung der Umwelterklärung*

- Die zuständige Stelle prüft neben anderen Kriterien ob *Verstöße der Organisation gegen geltendes Umweltrecht* bestehen, indem sie eine Regelanfrage an die zuständige Umweltbehörde stellt.[3]
- Im Falle einer Erfüllung aller Kriterien vergibt die zuständige Stelle der Organisation eine *Registrierungsnummer* sowie das *EMAS-Logo*.[4] Das Logo darf für die Öffentlichkeitsarbeit genutzt werden.[5]
- Der Überwachungs- und Validierungszyklus beträgt wie bei der ISO 14001 ein bzw. drei Jahre.[6] Für kleine Organisationen bestehen Ausnahmeregelungen, nach denen ein zwei- bzw. vierjährlicher Zyklus möglich ist.[7]

▶   **Zusammenfassung**: Das UMS nach EMAS wird durch Umweltgutachter validiert. Dieser führt ein Validierungsaudit des UMS und der Umwelterklärung mittels eines Audits Stufe 1 und Stufe 2 durch. Ist dieses erfolgreich, kann die Organisation bei den zuständigen Stellen einen Registrierungsantrag stellen. Ist die Registrierung erfolgt, ist die Organisation berechtigt, das EMAS-Logo für die Öffentlichkeitsarbeit nutzen. Der Überwachungs- und Revalidierungszyklus beträgt nach EMAS wie nach ISO 14001 ein beziehungsweise drei Jahre.

---

[3] Vgl. EMAS III, 2009, Artikel 13.
[4] Vgl. EMAS III, 2009, Artikel 13, 3.
[5] Das Logo ist in Anhang V der Verordnung dargestellt.
[6] Vgl. EMAS III, 2009, Artikel 19.
[7] Vgl. EMAS III, 2009, Artikel 7.

Qualifikationsanforderungen an Auditoren

6

Objektivität und Zweckmäßigkeit von Audits hängen entscheidend von den am Audit beteiligten Personen und deren Vorgehensweise ab. Sowohl bei der Auswahl externer als auch bei der Bestimmung interner Auditoren sollten einige wichtige Kriterien berücksichtigt werden. Neben der fachlichen Eignung und Qualifikation sind es vor allem soziale und kommunikative Eigenschaften und methodische Kompetenzen, die entscheidend die Audits, die Motivation und das Bewusstsein der Mitarbeiter bestimmen.

Die ISO19011 definiert neben den Anforderungen an Audits auch grundsätzliche Anforderungen an die Personen, die Audits durchführen und legt damit fest, dass nicht Jeder Audits durchführen kann, sondern nur entsprechend qualifizierte Personen. Denn das *„Vertrauen in den Auditprozess sowie in die Fähigkeiten, dessen Ziele zu erreichen, hängt von der Kompetenz derjenigen Personen ab, die in die Planung und Durchführung der Audits einbezogen sind ... “.*[1] In der Norm werden dabei Kenntnisse und Fertigkeiten unterschieden, die

a) für alle Auditoren relevant sind und
b) für verschiedene Managementsysteme spezifisch sind.

Die Norm unterscheidet weiter zwischen *persönlichen Eigenschaften*, durch die sich ein Auditor auszeichnen muss, sowie *Befähigungen, Kenntnisse und Fähigkeiten*, die durch festgelegte Ausbildungswege, Arbeitserfahrungen, Auditorenschulungen sowie Auditerfahrungen zu erwerben sind (vgl. Tab. 6.1). Neben den Charaktereigenschaften und der methodischen Kompetenzen bedarf es vor allem auch der praktischen Erfahrung mit Audits, wobei als Richtwert die Beteiligung an

---

[1] DIN EN ISO 19011:2011, S. 48, Kap. 7.1.

© Springer Fachmedien Wiesbaden 2015
J. Brauweiler et al., *Auditierung und Zertifizierung von Managementsystemen*,
essentials, DOI 10.1007/978-3-658-10213-5_6

Tab. 6.1 Qualifikationsanforderungen an Auditoren nach ISO 19011. (Quelle: Zusammenstellung nach ISO 19011, Kap. 7.2)

Art der Anforderungen	Zum Beispiel
Persönliche Eigenschaften(siehe Kap. 7.2.2 der Norm)	Dem Berufsethos entsprechend (unparteiisch, wahrheitsliebend, aufrichtig, ehrlich, diskret)
	Aufgeschlossen (Bereitschaft, alternative Ideen oder Standpunkte zu erwägen)
	Diplomatisch (taktvoll im Umgang mit Menschen)
	Aufmerksam (aktiv die physische Umgebung und die Tätigkeiten beobachten)
	Aufnahmefähig (sich Situationen bewusst sein und diese verstehen)
	Flexibel (sich leicht an verschiedene Situationen anpassen)
	Hartnäckig (ausdauernd und auf das Erreichen von Zielen fokussiert)
	Entscheidungsfähig (rechtzeitig Schlussfolgerungen basierend auf logischem Denken und der Grundlage von Analysen ziehen können)
	Selbstsicher (selbständig handeln, auch in Interaktion mit anderen)
	Standhaft (verantwortungsvoll und ethisch handeln, auch bei Uneinigkeit und Konfrontation)
	Offen für Verbesserungen (bereit, aus Situationen zu lernen)
	Kulturell sensibel (Kultur der zu auditierenden Organisation beachten und respektieren)
	Teamfähig (effektiv mit anderen agieren)
Wissen und Fertigkeiten (vgl. Kap. 7.2.3 der Norm)	Allgemeines Wissen und Fertigkeiten
	– Auditprinzipien, -verfahren und -methoden
	– Managementsystem- und Referenzdokumente
	– Organisatorischer Kontext
	– Zutreffende gesetzliche und vertragliche Anforderungen sowie weiterer Anforderungen der zu auditierenden Organisation
	Disziplin- und branchenspezifisches Wissen und Fähigkeiten bezogen auf:
	– Managementsysteme
	– Rechtliche Anforderungen der Managementsysteme und der Branche
	– Anforderungen der interessierten Parteien
	– Verfahren, Prozesse, Branche
	– Risikomanagement[a]

Weitere Einzelheiten spezifiziert Anhang A der DIN EN ISO 19011:2011.

Tab. 6.1 (Fortsetzung)

Art der Anforderungen	Zum Beispiel
	Zusätzliches Wissen und Fähigkeiten eines Auditteamleiters:
	– Teamarbeit
	– Auditprozess
	– Planung des Audits
	– Umgang mit Unsicherheiten
	– Arbeits- und Gesundheitsschutz für Auditteammitglieder
	– Organisation, Leitung von Auditteams
	– Konfliktmanagement
	– Kommunikationsmanagement
	– Dokumentationsfähigkeiten (Auditbericht erstellen und abschließen)
	Wissen und Fertigkeiten für die Auditierung verschiedener Managementsysteme:
	– Interaktionen und Synergien zwischen den Managementsystemen (Auditteammitglieder)
	– Detaillierte Anforderungen der jeweiligen Managementsysteme (Auditteamleiter)

Weitere Einzelheiten spezifiziert Anhang A der DIN EN ISO 19011:2011.

mindestens vier Audits im Umfang von 20 Tagen inklusive der Vorbereitung und Auswertung gilt.[2]

Die Auditoren sind angewiesen, sich ständig fachlich und persönlich durch entsprechende Methoden weiterzuentwickeln. Ihre Qualifikationen sollten regelmäßig bewertet werden.[3]

Gerade in großen Organisationen werden Audits nicht nur durch eine Person, sondern durch *Auditteams* durchgeführt. Bei der Auswahl der Auditoren und die Zusammensetzung eines Audit-Teams sollten die methodischen, fachlichen Kompetenzen ausschlaggebend sein und nicht etwa Sachzwänge wie die zeitliche Verfügbarkeit oder eine langjährige Zusammenarbeit. Bei größeren Organisationen kann ein Audit nur sinnvoll durchgeführt werden, wenn Vertreter der Organisation und des internen Auditwesens möglichst repräsentativ ausgewählt wurden. Bei der Auswahl von Personen gilt es, verschiedene Aspekte zu berücksichtigen. Es muss die Unabhängigkeit und Akzeptanz sichergestellt werden, was bei der Auditierung

---

[2] Gietl und Lobinger 2010, S. 26.
[3] Vgl. DIN EN ISO 19011:2011, Kap. 7.5 und 7.6.

von Prozessen der Unternehmensleitung nicht trivial ist. Für das Auditteam selbst muss ein Teamleiter bestimmt werden, der organisatorisch die „Fäden in der Hand" behält und die zu erledigenden Aufgaben und die damit zusammenhängende Rollen verteilt. Dabei muss der Eindruck der Gleichwertigkeit unter den Teammitgliedern gewahrt bleiben (kein Chef-Auditor-Protokollant-Verhältnis). Außerdem muss bereits bei der Zusammensetzung des Auditteams auch der Auditplan beachtet werden, z. B. der zeitliche Aufwand für die Befragungen von Verantwortlichen durch verschiedene Mitglieder des Auditteams oder die Auditorenbriefings.[4]

Die Qualifikationsanforderungen für externe Auditoren, die *Zertifizierungsaudits* durchführen dürfen, werden in speziellen managementsystemspezifischen Dokumenten der Deutschen Akkreditierungsstelle (DAkks) in Zusammenhang mit der ISO/IEC 17021:2011 „Konformitätsbewertung – Anforderungen an Stellen, die Managementsysteme auditieren und zertifizieren" geregelt.

Für UMS nach ISO 14001 ist die neugefasste „DAkks 71 SD 6 025" vom 1.4.2013 gültig.[5] Die Kriterien und Anforderungen für Auditoren von UMS werden dort in Kap. 3.4 ausführlich beschrieben und untergliedert in Kriterien/Anforderungen hinsichtlich:

- Ausbildung und Erfahrung,
- Auditorenausbildung,
- Auditerfahrung,
- Leitender Auditor,
- Aufrechterhaltung der Berufung,
- Erfahrungsaustausch,
- Besonderheiten.

Weiterhin ist dort geregelt, dass die Berufung/Zulassung eines Auditors für eine oder mehrere Branchen, die in Abhängigkeit der stofflichen und/oder mengenmäßigen Umwelteinwirkungen und Gefährdungspotenziale in die Risikoklassen 1–5 eingeteilt werden, von der Ausbildungsart und der praktischen Berufserfahrung abhängig ist.[6]

Das gesamte Berufungssystem für Auditoren die Zertifizierungsaudits durchführen dürfen, muss den Festlegungen zum Ablauf, Kompetenznachweis, Dokumentation und Nachweisführung den Anforderungen der DAkks 71 SD 6 025 sowie der ISO/IEC 17021:2011 (Abs. 9.9.4 sowie Anhang A. 1) genügen. Auf diese

---

[4] Gietl und Lobinger 2010, S. 30.

[5] Vgl. DAkks 2013.

[6] Vgl. ausführlicher dazu DAkks 2013, S. 13–18.

Spezifika wird an dieser Stelle nicht vertiefend eingegangen, sondern auf die weiterführende Literatur verwiesen. Die Berufung erfolgt für eine Dauer von 3 Jahren
und ist dann zu erneuern.[7]

► **Zusammenfassung**: Audits dürfen nur von entsprechend qualifizierten Auditoren durchgeführt werden. Die ISO 19011:2011 gibt für
Auditoren grundsätzliche Qualifikationsanforderungen hinsichtlich
persönlicher Eigenschaften, aber auch hinsichtlich von Kenntnissen
und Fähigkeiten allgemeiner Art sowie bezogen auf disziplin- und
branchenspezifisches Wissen vor. Die Qualifikationsanforderungen
für Auditoren, die Managementsysteme zertifizieren dürfen, werden
in speziellen DAkks-Dokumenten sowie in der ISO/IEC 17021:2011
geregelt.

---

[7] Vgl. DAkks 2013, S. 6.

Methodische Aspekte der Auditierung   7

Im Fokus dieses Abschnittes stehen Grundsätze für die Durchführung von Interviews, die sich weitgehend aus organisationspsychologischen Überlegungen[1] ableiten. Dabei liegt der Fokus auf der *Wertschätzung des bereits Erreichten*, um ein *positives Selbstbild* einer Organisation zu entwickeln, um daraufhin *Veränderungs- und Verbesserungsprozesse* anzustoßen. Zudem wird auf kommunikative Aspekte, d. h. auf Fragetechniken und auf den Umgang mit Widerständen eingegangen. Durch wertschätzende Frageführung, die Art der Fragestellung generell, der bewussten Berücksichtigung von Sender-Empfänger-Beziehungen und einem offensiven Umgang mit Widerständen können Audits als Mittel eines KVP genutzt werden.

Vorab sei darauf hingewiesen, dass das Erlernen von „Techniken" und die Hoffnung auf einen Methoden-Koffer in aller Regel jedoch nichts nutzt. Wichtiger sind Selbstbeobachtung und Lernen aus Fehlern, was zu einer bewussteren Wortwahl und mehr Wertschätzung führen mag.

7.1 Hinweise für wertschätzende und effektive Audits

Audits führen im Ergebnis zu einem Bericht über Nicht-Konformitäten unterschiedlicher Ausprägungen und zu künftigen Maßnahmen zur Erreichung der Konformität. Diese *Defizitorientierung* kann sich negativ auf die Kultur und die Atmosphäre in einer Organisation auswirken, sie wirkt resignierend und oftmals wird mit Schuldab- und -zuweisungen reagiert. Die Betonung von Abweichungen kann zur negativen Wahrnehmungen führen („*Wir arbeiten schlecht*") und

---

[1] Vgl. Heidig et al. 2012; Cooperrider et al. 1999; Schein 2010.

© Springer Fachmedien Wiesbaden 2015
J. Brauweiler et al., *Auditierung und Zertifizierung von Managementsystemen*,
essentials, DOI 10.1007/978-3-658-10213-5_7

letztlich macht sich Resignation („*Das schaffen wir nie...*") und Angst breit[2]. Mit einer solchen Einstellung können keine innovativen und langanhaltenden Lösungen gefunden werden, sondern es wird symptomreduzierend versucht, die Abweichungen zu beseitigen und Norm-Konformität herzustellen. Wird dagegen davon ausgegangen, dass in allen Organisationen oder Gruppen bereits etwas funktioniert und zu guten Leistungen beiträgt, ändern sich die Grundannahmen hin zu einem positiveren Bild. Es geht nicht mehr um Schwächen, Defizite und Fehler, sondern um die Spitzenleistungen und um die Frage, wie an bereits *vorhandene Stärken* angeknüpft werden kann. In Audits sollte entsprechend danach gesucht werden, was bereits gut läuft, was positive Errungenschaften sind und wovon, d. h. von welchen Tätigkeiten, Handlungsabläufen, Vorgaben, es künftig mehr geben sollte.

In Tab. 7.1 sind Hinweise für die Auditgestaltung zusammengestellt, die Wertschätzung, Effizienz und Effektivität ermöglichen sollen:

▶   **Zusammenfassung:** Audits sollten als Instrument eines wertschätzenden Dialoges genutzt werden. Um diesem Anspruch gerecht werden zu können, muss ein Perspektivwandel von der Konzentration auf Abweichungen und Fehler hin zu Positivbeispielen und erfolgreichen Abläufen erfolgen. In den Auditgesprächen sollte auch das was bereits funktioniert entsprechend gewürdigt werden. In den Erfolgsgeschichten lassen sich Gemeinsamkeiten und Wirkprinzipien erkennen, die ein gemeinsames Lernen für die Übertragung auf andere Bereiche ermöglichen.

7.2   Fragearten/-techniken

Audits leben von *Frage-Antwort-Situationen*. Dabei ist es unvermeidlich, dass bereits das Stellen einer Frage eine Auswirkung auf den Befragten hat und es somit „neutrale" Fragen nicht geben kann. Es ist dabei außerdem menschlich, dass es Mitarbeiter auf sich persönlich und auf ihre Arbeit beziehen, wenn Verbesserungspotenziale aufgezeigt und Abweichungen oder Nicht-Konformitäten thematisiert werden. Umso wichtiger ist es, mit einer bewusst eingesetzten Fragetechnik und wertschätzenden Formulierungen Missverständnisse zu vermeiden und die Selbstwahrnehmung in der Organisation positiv zu beeinflussen. Außerdem gilt das Prinzip „Wer fragt, der führt".[3]

---

[2] Vgl. Zur Bonsen 2006, S. 135.

[3] Gietl/Lobinger 2010, S. 80.

Tab. 7.1 Kennzeichen für die Durchführung von wertschätzenden Audits. Quelle: Eigene Darstellung

Am Audit sollte eine *repräsentative Auswahl* von Mitarbeitern verschiedener Hierarchiestufen beteiligt werden. Die Anzahl der Auditierten sollte *höher* sein als die der Auditoren, um eine „Verhörsituation" zugunsten einer offenen Gesprächsatmosphäre zu vermeiden
Objektive und sachliche Zielstellungen entsprechend des Auditplans erleichtern die Einsicht in das Audit. Für die Auditgespräche ist es wichtig, den Inhalt und die Zielsetzung allen Beteiligten *transparent* zu machen. Dabei kann das Gespräch vom Allgemeinen (Rolle und Funktion des Gesprächspartners, Bereichsaktivitäten innerhalb des Managementsystems) ausgehend hin zu Detailfragen führen
Der Auditor sollte die *Gesprächsführung* übernehmen und es in die gewünschte Richtung steuern. Durch *zielgerichtetes und wertschätzendes Hinterfragen*, können auch Detailaspekte geklärt werden (vgl. dazu auch Fragetechniken)
Von subjektiv-wertenden Formulierungen und Schuldzuweisungen sollte Abstand genommen werden. Auf Bewertungen und Negativorientierung („Nicht-Konformität") sollte weitgehend verzichtet werden, um stattdessen den *Fokus auf das zu legen, was bereits funktioniert und verbessert werden kann*
Allgemeine Vorgehensweisen und die Umsetzung von Anforderungen sollten wo möglich an konkreten – stichprobenartig ausgewählten – Fällen *nachvollziehbar und praxisorientiert* betrachtet werden. Damit können Missverständnisse vermieden werden und für alle Beteiligen bleibt das Auditgespräch transparent. Zudem wird die Identifikation von konkreten Verbesserungsmaßnahmen als Audit-follow-up vereinfacht
Werden anhand von Einzelfällen Probleme im Ablauf oder Nicht-Konformitäten erkannt, bedeutet das jedoch nicht, dass das Gesamtsystem nicht funktioniert. Vielmehr müssen *Einzelfälle erst noch zu einem Gesamtbild verbunden* werden, was eine ausreichende Stichprobengröße voraussetzt. Häufen sich allerdings Abweichungen, so sollten die Nachweise dafür in ausreichender Anzahl zusammengetragen werden
Büroaudits können *vermieden* werden, wenn die Audits direkt in den entsprechenden Abteilungen oder Produktionsbereichen durchgeführt werden. Audits in Sitzungsräumen fokussieren häufig auf die eher theoretischen Prozessschreibungen, nicht aber auf die Verfahren selbst. Wird direkt *am Arbeits- oder Montageplatz* auditiert, fällt es auch leichter die relevanten Unterlagen (z. B. Betriebsanweisungen) direkt einzusehen. Eindrücke, dass die Auditoren sich nur auf die Dokumentationen konzentrieren, können abgeschwächt werden. Zudem kann eine solche Vorgehensweise eine bessere Anerkennung bei den Mitarbeitern erreichen
Zeitfresser und Zeitschinder vermeiden: keine Telefonate oder sonstige Unterbrechungen, keine ausgiebigen Mittagspausen fern vom auditierten Bereich, Transporte planen, keine ausgedehnten Unternehmenspräsentationen, kein ständiges Infragestellen der Vorgehensweise oder Grundsatzdiskussionen über die Sinnhaftigkeit von Managementsystemen und Audits, wenig Privatgespräche

▶ *Definition* Umgangssprachlich wird die Art und Weise einer Befragung als *Fragetechnik* bezeichnet. Die Fragetechnik ergibt sich aus der Motivation der Befragung (z. B. Orientierung, Klärung eines Sachverhalts, taktisches Kalkül, usw.) sowie der Verwendung bestimmter *Fragetypen*.

Es folgt ein Überblick über mögliche Fragetypen, deren Informationsgehalt sowie über Beispielfragen aus dieser Kategorie.

Auf *geschlossene Fragen* folgen in der Regel präzise und eindeutige Antworten, aber sie engen den Gesprächspartner in den Antwortmöglichkeiten ein und womöglich gehen weitere Erläuterungen und damit wertvolle Informationen verloren. Geschlossene Fragen eigenen sich demnach für ein Auditgespräch nur dann, wenn das Gespräch in eine bestimmte Richtung gelenkt werden soll. Wann geschlossene Fragen eingesetzt werden, sollte gut überlegt sein. Werden viele geschlossene Fragen aneinandergereiht, wie beim Abarbeiten einfacher Checklisten, kann eine Verhöratmosphäre provoziert werden, die Befragte unter Druck setzt und als unangenehm empfunden werden kann. Geschlossene Fragen können auch als direkte Verantwortungs- und Schuldzuweisungen aufgenommen werden.

Beispiele
Sind Sie der Meinung, dass...?
Sagen Sie, ist...?
„Werden die Führungskräfte sofort informiert, wenn Abweichungen und Nicht-Konformitäten erkannt werden?"
„Haben Sie die Verfahrensanweisung bzw. Standard Operation Procedures (SOP) während ihrer Einarbeitung gelesen?"
„Sind die SOP Teil ihrer Weiterbildung oder Einarbeitung gewesen?"
Wer ist denn dafür verantwortlich?

Ebenso engen *Alternativfragen* und *Fangfragen* die Antwortmöglichkeiten ein und sind häufig suggestiv, d. h. sie enthalten bereits Wertungen oder Erwartungen. Hierdurch wird eine objektive Auditdurchführung erschwert und es besteht die Gefahr, den Befragten zu manipulieren. Alternativ- und Suggestivfragen sollten in Audits daher vermieden werden.

Beispiele

„Achten Sie bei der Auswahl von Lieferanten eher auf den Preis oder auf die Umweltfreundlichkeit der Produkte?"

„Sie haben doch sicher eine Lieferantenbefragung durchgeführt?"

„Sie fördern das Umweltbewusstsein sicher durch persönliche Gespräche und Informationskampagnen?"

Mit *offenen Fragen* nimmt der Informationsgehalt der Antworten zu. Der Befragte wird angeregt, bestimmte Aspekte oder Details näher zu erläutern oder Begründungen abzugeben. Es ist wichtig, dass sich offene Fragen an Sachverhalten und nicht an Personen orientieren und nicht in Schuldzuweisungen abzuleiten. Offene Fragen sind häufig W-Fragen (Was?, Wer?, Wann?, Wie?, Warum?, Wieso?). Hier ist Obacht geboten: besonders die Warum-Fragen setzen den Befragten unter Druck und stellen zwangsläufig eine hierarchische Beziehung her, weil nur der Übergeordnete nach Gründen fragen darf und der Befragte eine Antwort schuldig ist[4]. Diese Wirkung muss nicht schlecht sein. Fragen sollten jedoch sehr bewusst eingesetzt werden. Offene Fragen tragen zu einer freundlichen Gesprächsatmosphäre bei, lassen aber auch Raum für Ausschweifungen und Ausweichmanöver. Der Auditor als Gesprächsführer muss situativ entscheiden, wann mehr Zeit für offene und wertschätzende Fragen eingeräumt wird und wann es besser ist, Fragen möglichst schnell abzuarbeiten.

Beispiele

„Was sind die Anforderungen an die interne Berichterstattung und wie lauten die Informationspflichten, wenn Abweichungen oder Nicht-Konformitäten auftreten?"

„Wie organisieren Sie die Aktualität ihres Rechtskatasters?"

„Wie verhindern sie das wiederholte Auftreten von Fehlern?"

„Wie stellen Sie den Weiterbildungsbedarf ihrer Mitarbeiter fest?"

„Warum haben Sie sich für die ABC-Methode bei der Bewertung der direkten und indirekten Umweltaspekte entschieden?"

---

[4] Vgl. Heidig 2012: http://blog.prozesspsychologen.de/?p=101.

Mit *wertschätzende Fragen*, sollen dem Befragten auch Informationen über alltägliche Abläufe und Begebenheiten entlockt werden. Ausgehend von positiven Aspekten was funktioniert, erfolgt eine Ausrichtung auf das, wovon es künftig mehr geben soll. Dies kann auch in Form von „Was-wäre-wenn"-Fragen befördert werden. Der wertschätzende Ansatz induziert, dass Episoden aus dem Arbeitsalltag erzählt werden. Wertschätzende Fragen haben daher einen hohen realitätsbezogenen Informationsgehalt.

Beispiele

„Erzählen Sie, was Sie gemacht haben, als Sie einmal eine Nicht-Konformität entdeckt haben."

„Wann wissen Sie, dass das Umweltmanagement wirklich einen wesentlichen Beitrag zu Verringerung der Umweltauswirkungen geleistet hat?"

„Stellen Sie sich vor, Sie haben gerade ein Training abgeschlossen, dass Sie auf ihre neue Position im Unternehmen vorbereiten sollte. Sie fühlen sich gut vorbereitet und haben das Training als sinnvoll empfunden. Nennen Sie die Top-3-Elemente des Trainings, die für Sie besonders sinnvoll waren!"

„Was sind die wichtigsten Faktoren aus Ihrer Sicht, die das UMS/QMS in ihrer Abteilung besonders wirkungsvoll werden lassen?"

„Welche Empfehlungen haben Sie um weiterhin die Umweltleistung zu verbessern?"

„Wir alle sind Bestandteil von Initiativen, die von Führungskräften angestoßen werden. Seien es Maßnahmenprogramme und Kampagnen zu weniger Fehlern, besserer Mülltrennung oder weniger Verschwendung. Und wir alle wissen aus unserer Erfahrung über Höhen und Tiefen von solchen Initiativen. Erzählen Sie uns doch mal aus Ihrer Sicht, wann Sie sich besonders engagiert und mitgenommen gefühlt haben und woran das gelegen haben könnte. Was hat besonders gut funktioniert? Was waren Ihre Eindrücke? Was haben Sie dabei gedacht und gefühlt?"

Stellen Sie sich vor, Sie sprechen in der Frühstückspause mit ihren Kollegen über das UMS. Sie fragen Ihre Kollegen, was die drei besten Aspekte des Umweltschutzes in ihrem Bereich sind. Was würden Ihre Kollegen sagen?

Die Technik des wertschätzenden Fragens beinhaltet verschiedene Schritte, die neben dem Erfassen von Sachverhalten auch die Frage nach möglichen künftigen Verbesserungen einschließen soll. Dadurch, dass Positives betont und Begebenheiten anerkannt werden, können grundlegende Annahmen, Wirkprinzipien und damit auch zugrundeliegende Ursachen ermittelt werden. Wertschätzende Fragen sollten[5]:

*   ...in einer herausfordernden und reizvollen Art gestellt werden, um den Befragten zum Erzählen anzuregen;
*   ...positiv sein und auf positiven Annahmen und einem positiven Menschenbild beruhen;
*   ...auf persönliche Erfahrungen ausgerichtet sein und „Storytelling" ermöglichen;
*   ...die Erfahrungen des Befragten respektieren;
*   ...etwas überraschendes erwarten lassen, von dem gemeinsam gelernt werden kann.

Auditfragen sollten generell in möglichst einfachen, konkreten und verständlichen Sätzen formuliert sein. Auf Kettenfragen und allzu weiterführende Erläuterungen sollte verzichtet und Abkürzungen oder Fremdwörter vermieden oder erklärt werden.

Eine systematische Befragung beginnt beim Allgemeinen und führt zum Speziellen, führt vom Einfachen zum Komplexen und vom Bekannten zum Unbekannten. Informationen werden dabei besonders greifbar, wenn sie mit Beispielen oder Vergleichen, z. B. aus anderen Abteilungen angereichert werden. Dem Auditierten sollte immer die Möglichkeit eingeräumt werden, nachfragen zu können.

Um den „roten Faden" nicht zu verlieren, sollte der Auditor das Gesagte immer wieder kurz zusammenfassen oder direkt eingreifen (*„Ich denke wir schweifen hier etwas ab, lassen sie uns doch zur Frage des ... zurückkehren"*). Es ist nützlich und erforderlich, sich direkt im Anschluss nach möglichst objektiven Nachweisen für das Mitgeteilte zu erkundigen und diese stichprobenartig zu begutachten und dies zu dokumentieren.

Aber nicht nur die Fragetechnik kann entscheidend sein, sondern auch das aktive Zuhören, damit möglichst viele Informationen aus dem Gespräch entnommen werden. Zuhören gilt auch als Zeichen der Höflichkeit und des Respektes den Befragten gegenüber, denen Aufmerksamkeit signalisiert wird. Aktives Zuhören zeigt sich durch bestätigende Aussagen, Rückformulierungen, Zusammenfassungen (*„Wenn ich richtig verstanden habe..."*) und über Mimik und Gestik (Kopfnicken, Blickkontakt). Überhaupt sollte darauf geachtet werden, dass der Auditor weniger redet als der Befragte.[6]

---

[5] Vgl. Sieben 2012, u. a.
[6] Vgl. Gietl/Lobinger 2010, S. 84.

▶ **Zusammenfassung:** Die Art und Weise der Fragestellung hat im Rahmen von Audits einen großen Einfluss darauf, ob und welche Informationen ausgetauscht werden. Dem Auditor stehen geschlossene, offen und wertschätzende Fragen zur Verfügung, die gezielt und bewusst eingesetzt werden müssen. Während geschlossene Fragen eindeutige Antworten erzwingen, sind bei offenen Fragen ggf. gehaltvollere, ausführlichere Informationen zu erwarten. Wertschätzende Fragen regen dazu an, über Positivbeispiele zu erzählen, um daraus für andere Kontexte Lernen zu können.

7.3　Wahrnehmung von Informationen

In den Kommunikationswissenschaften gilt der Slogan *„Man kann nicht nicht kommunizieren. Jedes Verhalten ist eine Mitteilung"*[7]. Gängig und einprägsam sind das Sender-Empfänger-Modell und seine Erweiterungen[8]. Es ist nützlich, um zu verstehen, wie Kommunikation abläuft und welche Beziehungsebenen entstehen. Indem der Auditor (*„Sender"*) in einer bestimmten Art und Weise Fragen stellt, kleidet er eine bestimmte Absicht – nämlich das Erlangen von Informationen auf der Suche nach Verbesserungspotenzialen und Abweichungen – in Worte. Neben dem inhaltlichen Aspekt und der Aufforderung an den Befragten offenbaren sich in einer Frage auch Beziehungsaspekte und Informationen über den Fragenden selbst. Der Befragte (*„Empfänger"*) nimmt die Frage auf und interpretiert diese für sich und sucht nach einer Antwort. Es kommt beim effektiven Fragen also weniger darauf an, was gefragt wurde, sondern darauf, was der Empfänger unter einer Frage versteht.

Die Art der Fragestellung verdeutlicht trotz des Versuchs einer möglichst sachlichen Formulierung, immer auch die Beziehung zwischen Auditor und Auditiertem.

Mit einer Frage sind nach Friedemann Schulz von Thuns „TALK-und vier Ohren-Modell" immer mehrere Aspekte verknüpft (vgl. Tab. 7.2)[9]:

- *Tatsachen und Sachaspekt*: die beschriebene Sache („Worüber ich informiere", „Wie ist der Sachverhalt zu verstehen?")

---

[7] Metakommunikatives Axiom nach Paul Watzlawik, Watzlawik et al. 2000.

[8] Vgl. Schulz von Thun 1998.

[9] Sieben 2010:73; Schulz von Thun (1998).

- *Ausdrucksaspekt, Selbstoffenbarung*: dasjenige, was anhand der Nachricht über den Sprecher deutlich wird („Was ich von mir selbst kundgebe", „Was ist das für eine/r?", „Was ist mir ihm/ihr?")
- *Lenkung, Appell*: dasjenige, zu dem der Empfänger veranlasst werden soll („Wozu ich dich veranlassen möchte", „Was soll ich aufgrund der Mitteilung getan werden"?)
- *Art der Beziehung*: was an der Art der Nachricht über die Beziehung zum Befragten deutlich wird („Was ich von dir halte oder wie wir zueinander stehen", „Wie redet die eigentlich mit mir?", „Wen glaubt der vor sich zu haben"?)

Die kommunikative Beziehung bei einem Audit muss zunächst als hierarchisch betrachtet werden. Der Auditor steht gegenüber dem Auditierten „oben", er wird als eine kontrollierende Instanz wahrgenommen, insbesondere wenn der Zuhörer

Tab. 7.2 Beispiele für die vier Seiten einer Nachricht, Quelle: In Anlehnung an Gietl/Lobinger 2010, S. 96

Aussage	Aspekte der Nachricht
„Das funktioniert ja schon recht gut und besser als ich dachte"	*Intention*: Der Auditor will positives ausdrücken und würdigen. *Sachinhalt*: Der Prozess läuft gut. *Selbstoffenbarung*: Der Auditor hat dies vorab nicht so gesehen und die Angelegenheit unterschätzt. *Apell*: Machen Sie weiter so. *Beziehung*: Der Auditor steht wegen der impliziten Unterschätzung über dem Befragten, der kommt an den Auditor nicht heran.
„Wir sind hier, um das regelmäßige Audit durchzuführen und ihre Abteilung zu durchleuchten"	*Intention*: Der Auditor will erklären, was er in der Abteilung macht. *Sachinhalt*: Wir führen im Rahmen des Audits eine Untersuchung der Abläufe in dieser Abteilung durch. *Selbstoffenbarung*: Der Auditor will „durchleuchten", er wird sehr genau vorgehen und möchte etwas finden. *Apell*: Die Befragten sollten besser nichts verbergen. *Beziehung*:Der Auditor steht als Untersuchender über dem Befragten.
„Unterbrechen Sie mich ruhig, wenn Sie Fragen haben und haken Sie nach!"	*Intention*: Der Auditor will darauf hinweisen, dass bei Unverständlichkeiten jederzeit nachgefragt werden kann. *Sachinhalt*: Es können Fragen gestellt werden, Nachfragen ist erlaubt. *Selbstoffenbarung*: Selbstsicherheit – auf alle Fragen kann geantwortet werden. *Apell*: Fragen Sie ruhig nach! *Beziehung*:Der Auditor ist für mögliche Fragen gewappnet und lässt sich gern darauf ein.

das „Beziehungsohr" besonders geöffnet hat[10]. Eine offene und konstruktive Gesprächsatmosphäre kann aber nur entstehen, wenn auch der Selbstwert des Audits erhalten bleibt. Dafür sind Akzeptanz und Wertschätzung nötig, um der zwangsläu-

---

[10] Vgl. Sieben 2012, S. 73.

Tab. 7.3 Persönliche Grundeinstellungen anderen Menschen gegenüber, Quelle: Sieben 2012, S. 75 ff

Gleichberechtigte Haltung (Idealeinstellung)	„Ich bin ok, Du bist ok" Wertungsfrei Kritikfähig Keine Äußerung von Überlegenheits- oder Unterlegenheitsgefühle Ruhige, sachliche, faire, offene Gesprächsatmosphäre
Überhebliche Haltung	„Ich bin ok, Du bist nicht ok." Überlegenheitsgefühl Hohes Selbstvertrauen, Arroganz Befehlende, drohende, belehrende, verächtliche Gesprächsatmosphäre
Unterwürfige Haltung	„Ich bin nicht ok, Du bist ok" Unterlegenheitsgefühl, Zurückhaltung Leises Reden Aggressionen gegen sich selbst gerichtet Ja-Sagen
Fatalistische Haltung	„Ich bin nicht ok, Du bist nicht ok" Wahrnehmung der Sinn- und Wertlosigkeit Abhängigkeitsverhältnisse, auch abhängig von externer Unterstützung

figen Herabsetzung in einer helfenden Beziehung zwischen Auditor und Befragten dennoch ein Weiterkommen in der Sache zu erleichtern[11].

Auditor und Auditierter sind gleichermaßen an einer Kommunikation beteiligt und beeinflussen diese, beide haben die Möglichkeit Missverständnisse zu vermeiden. Störungen in der Kommunikation bis hin zu Konflikten entstehen, wenn Botschaften unterschiedlich interpretiert werden. Dies hängt nicht zuletzt auch von der *Grundeinstellung* der beteiligten Personen zu sich selbst und zum anderen ab (vgl. Tab. 7.3). Für Auditoren ist ein positives Menschenbild und mithin eine positive Einstellung anderen gegenüber ideal, denn es erlaubt eine partnerschaftliche, faire und sachliche Haltung.

▶ **Zusammenfassung:** In der zwischenmenschlichen Kommunikation werden nicht nur Sachinformationen zwischen Sender und Empfänger transportiert. In einer Frage schwingen neben der Sachebene auch eine Selbstoffenbarung, eine Beziehungshierarchie und eine Lenkungsabsicht mit. Bei der Formulierung von Fragen sollten alle vier Seiten einer Nachricht berücksichtigt werden. Um Missverständnissen und Konflikten bei der Interpretation von Fragen aus dem Weg zu gehen, sollte eine partnerschaftliche, faire und sachliche Haltung gegenüber dem Befragten gewahrt bleiben.

---

[11] Vgl. Heidig 2013: http://blog.prozesspsychologen.de/?p=284, Schein 2012, Schein 2013.

7.4 Umgang mit Widerständen und Einwänden[12]

Es wird immer vorkommen, dass durch die Befragten auch Einwände geäußert werden, entweder weil eine Unterstellung wahrgenommen wurde, die es zurückzuweisen gilt oder weil auf herkömmliche Verfahren (*„Das haben wir immer schon so gemacht"*) verwiesen oder das jeweilige Managementsystem hinterfragt wird (*„Das ist doch eine Erfindung der Umweltabteilung"*, *„Letztlich geht es immer nur ums Geld"*).

Ein kommentarloses Übergehen der Einwände mag auf den ersten Blick zeitsparend und konfliktfrei erscheinen, es werden jedoch hier Möglichkeiten verspielt, Überzeugungsarbeit zu leisten oder Verbesserungspotenzial zu identifizieren. Außerdem zeugt es von mangelndem Respekt dem Befragten gegenüber. Vor allem sachliche Einwände sind positiv zu betrachten, da diese auch von Interesse zeugen und auch etwas über Befürchtungen oder Zweifel des Befragten aussagen. Von personenbezogenen Einwänden (*„Ich bin schon 30 Jahre im Betrieb, was wissen Sie schon..."*) sollte sich der Auditor nicht einschüchtern oder provozieren lassen.

Es gibt streng genommen nur wenige Möglichkeiten, mit Einwänden umzugehen:

a. *Ignorieren, Übergehen, Abblocken*: „Das ist eine Normforderung!"
b. *Sachliche Reaktion*, indem der Einwand aufgenommen und zur Kenntnis genommen wird. Der Einwand kann möglicherweise in einer bestimmte Richtung gelenkt werden: „Ich stimme Ihnen zu, aber auf längere Sicht..."
c. *Rückformulierung und Nachfragen*: Oftmals muss der Hintergrund der Frage zunächst genau geklärt werden, in dem die Frage in einer Rückformulierung konkretisiert wird („Habe ich Sie richtig verstanden, dass...?", „Sie meinen also, dass...?", Was meinen Sie damit konkret?"). Durch Paraphrasieren lässt sich auch erst einmal „Zeit gewinnen". Durch Nachfragen mit offene Fragen („Weshalb glauben Sie...") kann der Auditor sowohl eine hierarchische Position (wieder) herstellen und zwingt den Befragten zu einer Antwort und zu Argumenten, ohne den Befragten „klein zu machen". Um Missverständnisse und Störungen aufzuheben, muss eine Klarstellung der Beziehungsebene erfolgen, um Sachlichkeit und Selbstachtung zu fördern.
d. *Direkte Entgegnung*: An manchen Stellen kann einem Einwand auch direkt entgegnet werden („Da bin ich anderer Meinung, weil..."), was ein gewisses Konfliktpotenzial mit sich bringt, oder eine Frage beantwortet werden. Eskalationen sollten jedoch vermieden werden.

---

[12] Vgl. Gietl und Lobinger 2010, S. 85; Sieben 2011, S. 78–79.

e. *Weitergabe:* Die Frage oder den Einwand wird weitergegeben, am besten an einen anderen Mitarbeiter („Was meinen Sie dazu...?").

f. *Rückstellung:* Ein offener und ehrlicher Umgang mit Einwänden zeigt sich auch in Rückstellungen („Das ist ein interessanter Punkt, wir sollten diesen im Abschlussgespräch noch einmal behandeln."), die helfen, die Struktur im Auditgespräch zu erhalten, Abschweifungen zu vermeiden und dennoch den Einwand nicht zurückzuweisen.

► **Zusammenfassung:** Der Auditor muss während eines Audits auch auf Einwände der Beteiligten reagieren können. Diese zu ignorieren, zu übergehen oder abzublocken sollte nur in Ausnahmefällen ein Mittel der Wahl sein. Besser ist es, den Hintergrund des Einwandes zu klären, um gezielt darauf eingehen zu können. Aber auch eine direkte Entgegnung auf den Einwand bei Vorliegen von nicht „verhandelbaren" Sachlagen ist eine Möglichkeit.

Was Sie aus diesem Essential mitnehmen können

- Fundierte Kenntnisse zu Wesen und Arten von Audits,
- anwendungsbereites Wissen über die Prozessschritte eines internen und eines Zertifizierungsaudits,
- einen guten Überblick über die Qualifikationsanforderungen an Auditoren,
- ein solides Verständnis zu methodischen Aspekten der Auditierung, wie z. B. zu Fragetechniken und den Umgang mit Widerständen.

© Springer Fachmedien Wiesbaden 2015
J. Brauweiler et al., *Auditierung und Zertifizierung von Managementsystemen,*
essentials, DOI 10.1007/978-3-658-10213-5

Literatur

Cooperrider, DL, Sorensen PF, Jr., Whitney D, Yaeger TF (Hrsg) (1999) Appreciative inqui-ry. Rethinking human organization toward a positive the-ory of change. Stipes Pub LLC Champaign, IL, USA, Champaign, S 3–27

Dakks (Hrsg) (2013) Kompetenzanforderungen für Auditoren und Zertifizierungspersonal im Bereich Qualitätsmanagementsysteme ISO 9001 (QMS) und Umweltmanagement-systeme ISO 14001 (UMS)

DIN EN ISO 19011 (2011) Leitfaden zur Auditierung von Managementsystemen (ISO 19011:2011)

DIN EN ISO/IEC17021 (2011) Konformitätsbewertung – Anforderungen an Stellen, die Managementsysteme auditieren und zertifzieren (ISO/IEC 17021:2011)

EMAS III (2009) Verordnung (EWG) Nr. 1221/2009 des Europäischen Parlaments und des Rates vom 25.11.2009 über die freiwillige Beteiligung von Organisationen an einem Ge-meinschaftssystem für das Umweltmanagement und die Umweltbetriebsprüfung. Amts-blatt der Europäischen Gemeinschaften, Nr. L 342/2

Geiger W, Kotte W (2008) Handbuch Qualität. Grundlagen und Elemente des Qualitätsma-nagements: Systeme und Perspektiven, 5 Aufl. Vieweg, Wiesbaden

Gietl G, Lobinger W (2010) Qualitätsaudit, 3 Aufl. Carl Hanser Verlag, München

Gietl G, Lobinger W (2012) Qualitätsaudit. In: Kaminske G (Hrsg) Handbuch QM-Metho-den: Die richtige Methode auswählen und erfolgreich umsetzen. Carl Hanser Verlag, München

Heidig J, Kleinert KO, Dralle T, Vogt M (2012) Prozesspsychologie. Wie Prozesse, mensch-liche Faktoren und Wissen im Unternehmensgeschehen zusammenwirken. EHP-Verlag Andreas Kohlhage, Bergisch Gladbach

Miller WR, Rollnick S (2009) Motivierende Gesprächsführung, 3 Aufl. Lambertus Verlag, Freiburg

Neumann A (2012) Integrative Managementsysteme, 2 Aufl. Springer-Gabler, Heidelberg

Pischon A (1999) Integrierte Managementsysteme für Qualität, Umweltschutz und Arbeits-sicherheit. In: Dietfried G (Hrsg) Liesegang. Springer, Berlin

Schein E (2010) Prozess und Philosophie des Helfens: Grundlagen und Formen der helfen-den Beziehung für Einzelberatung, Teamberatung und Organisationsentwicklung. EHP-Verlag Andreas Kohlhage, Bergisch Gladbach

© Springer Fachmedien Wiesbaden 2015
J. Brauweiler et al., *Auditierung und Zertifizierung von Managementsystemen*, essentials, DOI 10.1007/978-3-658-10213-5

Schein E (2013) Humble inquiry: the gentle art of asking instead of telling. Berret-Koehler Publishers, Inc., San Francisco

Schulz von Thun F (1998) Miteinander Reden. Psychologie der Kommunikation. Rowohlt, Hamburg

Sieben S (2012): Durchführung eines Audits – Eine Einführung mit Trainingsleitfaden, 2 Aufl. Books on Demand, Berlin

Watzlawik P, Beavin JH, Jackson DD (2000) Menschliche Kommunikation. Formen, Störungen, Paradoxien. Huber, Bern

Zur Bonsen M (2006) Appreciative inquiry. Der positive Weg der Veränderung. In: Wielens H, Kothes PJ (Hrsg) Raus aus der Führungskrise. Innovative Konzepte integraler Führung, Kamphausen, Bielefeld

Internetquellen

http://blog.prozesspsychologen.de/?p=101
http://blog.prozesspsychologen.de/?p=284
http://www.dakks.de/

Printed in the United States
By Bookmasters